Kopenhagen

Hans Klüche

DUMONT direkt

Inhalt

Velkommen

Zu Gast in Kopenhagen

Wahrzeichen von bescheidener Größe: die Kleine Meerjungfrau

12 Highlights

Kopenhagen im Internet

Surfing.dk
Bei Vergleichen zu Internetnutzung und -zugänglichkeit belegt Dänemark einen Spitzenplatz, weit vor den USA und allen deutschsprachigen Ländern. Die Internet-Kennung ist ›.dk‹; auch ›.com‹-Adressen sind verbreitet und zunehmend ›.nu‹-Adressen, was gesprochen etwa dem deutschen ›jetzt aber!‹ entspricht. Webinhalte über Kopenhagen sind meist auf Dänisch und Englisch, selten und dann oft knapp und inaktuell zusammengefasst in deutscher Sprache.

www.visitdenmark.com
VisitDenmark, Dänemarks offizielle Tourismuszentrale, informiert auch auf Deutsch umfassend über Unterkünfte, Sehenswürdigkeiten, Restaurants und Veranstaltungen. Ein integrierter Routenplaner ist leicht zu bedienen, ebenso die Buchungsfunktion für Unterkünfte und Event-Tickets.

www.visitcopenhagen.dk
Die Touristeninformationen für Kopenhagen, Nordseeland und die Region Roskilde/Køge bietet online neben Einstimmungen und News auch viele Informationen zu Sehenswürdigkeiten, Events, Restaurants und Unterkünften, letztere mit Buchungsoptionen (dän./engl.).

www.ctw.dk
Online-Ausgabe des englischsprachigen Magazins Copenhagen this week (s. S. 20) mit touristischen Tipps und Veranstaltungshinweisen.

www.kobenhavn-hoteller.dk (internat.)/www.kopenhagen.se (dt.)
Günstige Hotelpakete online, auch viele Hotels im schwedischen Malmö (s. S. 28) immer inklusive Bonuskarte u. a. für kostenlose Zugbenutzung Malmö – Kopenhagen.

www.kulturnaut.dk
Ein Veranstaltungskalender auch mit deutschsprachigen Suchoptionen. Die Inhalte sind aber meist auf dänisch.

www.aok.dk
›Alt om København‹ (›Alles über Kopenhagen‹; dän./engl.) ist ein kommerzielles Portal zu Kneipen, Cafés, Restaurants, Unterkünften, Events usw. Sehr aktuell, umfangreich und praktisch.

www.kbhbase.kk.dk
Das ›Stadttor‹ des offiziellen Kopenhagen führt über [English] => [Services] => [Marriage] => [Information] zu deutschsprachigen ›Trauungsinformationen‹. Das selbständige Frederiksberg (s. S. 82) hat ein eigenes Portal (dän./engl.): www.frederikberg.dk.

www.movia.dk
Infos zum öffentlichen Verkehr im Großraum inkl. Verkehrskarten. Unter ›Tourist‹ deutsche Zusammenfassung. Mit www.rejseplanen.dk ist eine Online-Fahrplanauskunft (auch deutsch) eingebunden, bei der man sogar Sehenswürdigkeiten und einige Unterkünfte als Start-/Zielpunkte eingeben kann. Weitere Infos zu S- und Regionalbahnen unter www.dsb.dk, zur Metro unter www.m.dk.

http://degulesider.dk
Dänemarks Online-Telefonauskunft ist schnell, umfassend und bietet Suchfunktionen auch über die Adresse, dazu Straßenkarten und Reisepläne; alles leider nur auf Dänisch. Mit etwas Fantasie, dass z. B. ›kort‹ eine Karte sein dürfte, kommt man jedoch zurecht.

www.dmi.dk
Das meteorologische Institut erlaubt den Zugriff auf detailliertere Wetterinfos. Hinter der englischen Version der Website verstecken sich auch 6-Tage-Wetter-Vorhersagen in deutscher Sprache u. a. für den Raum Kopenhagen.

Velko

Die Vor Frelsers Kirke schraubt ihren Turm mit einer äußeren Wendeltreppe in den Himmel, die Börse den ihren mit vier ineinander verdrehten Drachenschwänzen, das Rathaus steuert etwas Siena-Gotik dazu, Schloss Christiansborg schwülstigen Neobarock, Schloss Rosenborg drei Renaissance-Türmchen, der Dom einen neoklassizistischen Klotz, und der Runde Turm gibt Rätsel auf: Was mag der

mmen

Rebus, den Christian IV. auf der Außenmauer anbringen ließ, bedeuten? Gleichgültig, von wo man sich der Stadt nähert, Kopenhagens Türme stehen zur Begrüßung Spalier und werden dabei kaum von modernen Hochhäusern bedrängt. Am schönsten ist diese Silhouette von See her, am Morgen, wenn erste Sonnenstrahlen eines neuen Tages die Turmspitzen aufglühen lassen.

Willkommen

Liberal und lebensfroh: Hippie-Flair in Christiania

Weltweit führend

Immer wieder stellen Meinungsforscher bei weltweiten Vergleichen fest: Kopenhagen besetzt unter den Haupt- und Großstädten der Welt Spitzenplätze, wenn es darum geht, wo auf der Welt man am besten lebt. Das haben wohl auch Kongressmanager internationaler Organisationen und Firmen erkannt: Je nach Kriterien erreicht Kopenhagen in Rankings über die beliebtesten und meistgenutzten Kongressstädte der Welt seit Jahren Top-Ten-Plätze, nicht selten sogar den ersten. Unisono ist zu hören: Die Stadt hat alles, was man von einer internationalen Metropole erwartet, dazu hohe soziale Standards, ein gutes Gesundheitswesen, gute Verkehrswege und ein geringes Sicherheitsrisiko.

Konkurrenzlos in Dänemark

Muss man da noch viel hinzufügen? Vielleicht ein paar Details: Kopenhagen ist das Politik-, Kultur-, Medien-, Bildungs-, Justiz- und Wirtschaftszentrum in Dänemark. Das höchste Gericht des Königreichs, die größte Universität, die wichtigste Bibliothek, fast alle landesweiten Zeitungen, der größte Radio- und Fernsehsender, die bedeutendsten Museen, Theater und Musicalbühnen – Kopenhagen hat sie alle. Kopenhagens Dominanz geht so weit, dass eine vom Staat mit viel Geld gesteuerte Dezentralisierung versucht, Institutionen aus den Bereichen Kultur, Gesellschaft und Verwaltung in andere Landesteile zu verbannen. Aber was soll's, will der Staat sein Geld anderswo ausgeben, kann die Stadt auf Gönner zählen: Ein steinreicher Reeder ließ am Hafen gleich gegenüber von Schloss Amalienborg, der königlichen ›Stadtwohnung‹, gerade für rund 336 Mio. € ein Opernhaus bauen, in dem Anfang 2005 der Vorhang aufging. Die Arbeit des Architekten Henning Larsen prägt mit seinem ausladenden Dach Kopenhagens Silhouette ähnlich markant, wie das weltberühmte Pendant die von Sydney. Nebenbei bemerkt hat die dortige Oper ein anderer Kopenhagener entworfen, Jørn Utzon, der natürlich auch in seiner Heimatstadt mit Bauten vertreten ist, so mit dem Möbelhaus Paustian (s. S. 55).

Wandel am Wasser

Mit der Pleite der letzten großen Werft verlor Kopenhagen 1996 die jahrhundertelang hier ansässige Schiffsbauindustrie, und deren Niedergang dokumentiert den Wandel vom Industriestandort zum Verwaltungs- und Dienstleistungszentrum. Dass die größte Werkhalle der Werft, ein über 100 m langes Monstrum aus Spannbeton, zuerst einmal in eine Indoor-Golfanlage umgebaut wurde, karikiert schon diesen Umbruch.

… und dänische Jugend beim Feiern nach dem Abi

Der Schiffbau ging verloren, die Schiffe blieben: Kopenhagen bietet viel maritimes Flair, das immer schöner herausgeputzt wird. Vom Hafen ziehen sich malerische Kanäle durch pittoreske Altstadtviertel. Nirgendwo ist Kopenhagen romantischer als am Nyhavn, einem kleinen Stichkanal, der im 17. Jh. als Hafenerweiterung angelegt wurde und an dem sich eine lebendige Kneipen- und Restaurantzeile entlangzieht. Ein gewaltiges Facelifting erlebte ab Ende der 1980er-Jahre der ehemalige Freihafen und der Kreuzfahrerkai Langelinie. Kein Sommertag, an dem nicht zwei, drei oder mehr der schwimmenden Luxushotels hier festmachen. Kopenhagen ist heute Nordeuropas wichtigste Cruise-Destination. Viele Reedereien, vor allem aus den USA, wechseln hier ihre Passagiere, was für viele zusätzliche Übernachtungen in der Stadt sorgt. Rund um die alten Hafenbecken sind zudem attraktive Wohn- und Bürohäuser entstanden; sorgsam wurde dabei alte Bausubstanz bewahrt.

Das größte Geschenk machte der Stadt in den frühen 1990er-Jahren die Marine. Sie räumte ihren Stützpunkt Holmen mitten im Hafen. Die 50 Hektar mit gut 40 denkmalgeschützten Bauten aus drei Jahrhunderten haben sich inzwischen zu einem kreativen Viertel mit künstlerischen Ausbildungsstätten, attraktiven Wohnungen und hippen Locations entwickelt. Und obwohl das schon erwähnte Opernhaus auf einem Holmen-Grundstück entsteht, ist das Potenzial des Geländes noch längst nicht ausgereizt.

Königlich bis liberal

Als Residenzstadt der ältesten europäischen Monarchie besitzt die Stadt ansehnliche Schlösser verschiedenster Epochen von der Renaissance bis zum Neoklassizismus und als Hauptstadt einer traditionsreichen Demokratie ein ehrwürdiges Regierungsviertel. Aber keinen Kilometer entfernt existiert die freche Freistadt Christiania, in der man seit mehr als drei Jahrzehnten gern die Obrigkeit narrt und Gesetze in Frage stellt. Zwar ist der offene Handel mit Cannabisprodukten in der Pusher Street – bis vor Kurzem die nach dem Tivoli meistbesuchte ›Attraktion‹ Kopenhagens – unterbunden, aber schrill, ungewohnt und anders ist die Aussteigerstadt immer noch. Christiania kann man sich gleich nebenan von einem der ungewöhnlichsten Kirchtürme Europas aus der Vogelperspektive anschauen: Eine Wendeltreppe führt außen zu seiner Spitze hinauf. Jules Verne machte sie in seiner ›Reise zum Mittelpunkt der Erde‹ zu einem kleinen Nebenschauplatz der Weltliteratur.

Kunst und die Kunst zu Leben

Museen, vor allem die, die sich moderner Kunst und Design widmen, haben Weltniveau. Und das Geld scheint locker zu sitzen, wenn Kunst und Kultur gefördert werden sollen. Seit Mitte der 1990er-Jahre entstanden das Museum für moderne Kunst Arken im Süden – das 2008 schon auf die doppelte Ausstellungsfläche erweitert wurde –, ein Filmhaus sowie das jüdische Museum im Zentrum. Das Nationalmuseum wurde grundlegend renoviert, die Staatliche Kunstgalerie, die Königliche Bibliothek und die Ny Carlsberg Glyptotek bekamen architektonisch interessante Erweiterungen.

Kultur ist die eine, Lifestyle die andere Seite Kopenhagens: Mit Strøget durchzieht eine der bekanntesten Einkaufsstraßen Europas das Zentrum. Dort und im Netz kleiner Altstadtstraßen entdeckt man internationale Haute Couture ebenso wie originelle Designermode, die in der Stadt entsteht und sich mit einem von skandinavischer Lockerheit geprägten urbanen Stil auch in Paris, New York und Tokio durchgesetzt hat, allen voran Labels wie ›Samsøe & Samsøe‹, ›Baum und Pferdgarten‹ oder ›Munthe Plus Simonsen‹.

Die Lust der Kopenhagener am Leben und Genießen hält eine facettenreiche Gastro-Szene auf Trab, in der Achtung und Pflege von Traditionen auf kulinarische Innovationsfreude und Toleranz gegenüber Neuem treffen; Gourmettempel des New Scandinavian Cooking hier, dort traditionsreiche Frokost-Lokale, deren Smørrebrød-Kreationen alle Tellerränder überwuchern. Michelin-Sterne adeln elf Kopenhagener Restaurants, von denen darf sich das ›NOMA‹, das auf nordischen Küche setzt, sogar über zwei Sterne freuen.

Zu späterer Stunde wummern Drum & Base-Rhythmen durch alte Keller. In intimen Clubs werden Jazz und Blues auf hohem Niveau gepflegt, wirken dabei quicklebendig und sprechen ein überraschend junges Publikum an. In den traditionsreichen Små-haver-Restaurants am Rande des Parks von Frederiksberg schwofen silberne Jahrgänge zu populären Volksliedern und Schlagern, das weltbekannte Tivoli umschmeichelt Besucher mit romantischem Charme, aber auch mit regelmäßigen Rockkonzerten, und ein paar Straßenzüge entfernt trifft sich eine selbstbewusste Schwulen- und Lesbenszene in ihren Cafés, Restaurants und Discos.

Überschaubar …

Das Zentrum wird von Parks umringt, einst königliche Gärten oder martialische Wallanlagen, in denen heute Familien Feste feiern, Angestellte Mittagspausen genießen, Mädchencliquen Fußball spielen und Kinder Sommertage durchtoben.

Am Hafen sitzt Kopenhagens Wahrzeichen, die Kleine Meerjungfrau: Unaufdringlich und freizügig. Obwohl sie schon mehrere Attentate überstand, bleibt sie zum Anfassen nah, ohne Schutzgitter und Bodyguards. So wie sie ist Kopenhagen überschaubar und handlich.

Die meisten Sehenswürdigkeiten liegen komprimiert im Zentrum – Folgen einer historischen Fessel: Die Stadt durfte erst im 19. Jh. über ihre mittelalterlichen Wallanlagen hinauswachsen, deren Lage noch an Straßennamen mit Vold (=Wall) erkennbar sind, wie Øster -, Nørre - oder Vester Voldgade. Die ersten Brückenviertel, die damals als Arbeiterquartiere im Dampfhammertakt der Industrialisierung hochgezogen wurden, sind heute multikulturelle Szene- und Lifestyleviertel.

… innovativ …

Auf der Insel Amager östlich des alten Zentrums stößt man auf das jüngste Kopenhagen. Entlang einer neuen Metro-Linie entsteht Ørestad, ein gut 5 km langer, rund 600 m breiter urbaner Keil als neue Mitte des grenzüberschreitenden Ballungsraums Kopenhagen – Malmö. Rund 20 000 Menschen sollen hier leben, etwa dreimal so viele in Wissenschaft, Forschung, Kommunikation, Medien und High-Tech Industrien arbeiten. Die Elite globaler Architekten liefert die Kulisse. So zeichnete Kim Utzon, Sohn und Partner des Erschaffers der Oper von Sydney, den vorerst größten Einzelkomplex, ein ›Copenhagen World Trade Centre‹ – hier mit drei Türmen – und Daniel Liebeskind darf von seinem Masterplan für Ørestad sicher mehr umsetzen, als von seinem Gewinnerentwurf für das neue World Trade Center in New York. Schon 2004 öffnete Dänemarks größte Mega-Mall ›Fields‹ in Ørestad die Tore.

… und grenzenlos

Wer Kopenhagen besucht, kann die neuen Grenzen der Stadt bequem überschreiten. Der öffentliche Nahverkehr verbindet die Innenstadt mit den Stränden von Kattegat und Øresund, erlaubt Ausflüge zum weltbekannten Museum für moderne Kunst Louisiana in Humlebæk nach Helsingør mit dem Hamlet-Schloss Kronborg oder nach Roskilde mit dem Wikingerschiffsmuseum und dem Dom, UNESCO-Welterbe und Grabkirche der meisten dänischen Könige. Und dank der Brücke über den Øresund ergänzen Museen in Malmö und der ehrwürdige Dom von Lund in Südschweden die Attraktivität Kopenhagens. Tagsüber verkehren Züge der Kystbanen im 20-Minuten-Takt nach Malmö, kaum mehr als eine halbe Stunde dauert die Fahrt ins Nachbarland – in anderen Metropolen der Welt ist man von einem Ende der Stadt zum anderen länger unterwegs.

Kopenhagen hochgerechnet

Kopenhagen selbst hat kaum mehr als 500 000 Einwohner. Nur wenige hundert Meter vom Rathaus entfernt überquert man indes die Grenze nach **Frederiksberg**: 92 000 Einw., feiner, reicher und bürgerlicher. Zusammen mit 16 weiteren Städten wie der Fußball Hochburg Brøndby oder Gentofte bilden die beiden eine urbane **Metropolitan Area** mit etwa 1,2 Mio. Bewohnern. Eine Kommunalreform schuf Anfang 2007 die **Region Hovedstaden**, den Regierungsbezirk Hauptstadt, mit knapp 1,65 Mio. Einw., die ganz Nordseeland aber auch die Ostseeinsel Bornholm einschließt.

Die im Juli 2000 eröffnete Brücke über den Øresund lässt an beiden Ufern der Meerenge das mit weit über 3 Mio. Menschen größte Ballungsgebiet Nordeuropas zusammenwachsen, ein äußerst wohlhabendes und produktives Wirtschaftszentrum mit rund zwei Dutzend Universitäten und anderen Hochschulen und einer gewaltigen Kaufkraft aufgrund des hohen Lohnniveaus. Die Verkehrszahlen auf der Brücke steigen ständig und Abkommen für Sozialleistungen und Steuern machen das Wohnen auf der einen und das Arbeiten auf der anderen Seite der Grenze zur Routine. Globalisierungsgegner haben für den Großraum Kopenhagen/Malmö indes einen wenig schmeichelhaften Spitznamen gebildet: **Koma**.

Geschichte

Der Gründer Kopenhagens: Bischof Absalon

Wikingerzeit In der Wikingerzeit (ca. 793–1035) entsteht in Jelling, heute ein kleines Nest in Jütland, ein gesamtdänisches Reich. Wo später Kopenhagen stehen wird, reihen sich derweil nur einige Fischerhütten um einen offenen Naturhafen. Den nutzen auch Händler – der heutige Name geht auf Kiobmanhafn, deutsch ›Kaufmannshafen‹, zurück und taucht im 11. Jh. erstmals auf.

Das Mittelalter Absalon, streitbarer Bischof von Roskilde, baut am Kiobmanhafn eine Burg. Deren Fertigstellung 1167 gilt als Gründungsjahr Kopenhagens. Die Stadt wächst durch Heringshandel. Das ruft Neider auf den Plan, die sie erobern und plündern, so 1249 und 1369 die Lübecker. 1254 gibt es erste Stadtrechte, 1417 unter Erik VII. wird Kopenhagen Residenzstadt. Zu dieser Zeit sind die drei nordischen Königreiche unter dänischer Führung in der ›Kalmarer Union‹ vereint. Als die 1523 zerbricht, bleiben Gebiete im heutigen West- und Südschweden bei Dänemark, Grund für 130 Jahre Krieg zwischen beiden Ländern, unter denen Kopenhagen oft leidet.

Von der Renaissance zum Rokoko Christian IV. (1596–1648) wird Mega-Bauherr der Renaissance; auf ihn gehen die Börse, der Runde Turm, Schloss Rosenborg und die Nyboder-Häuser zurück. Als Militärstratege eine Niete, verspielt er im Dreißigjährigen Krieg Dänemarks Vormacht im Norden. Kopenhagen rückt endgültig in eine Randlage, als 1658 auch die letzten Provinzen östlich des Øresund an Schweden fallen. Ein Feuer zerstört 1794 Schloss Christiansborg. Dadurch obdachlos geworden, übernimmt die Königsfamilie die vier Rokoko-Palais von Amalienborg,

Napoleonische Kriege und Goldenes Zeitalter 1795 brennen 900 Gebäude in der Stadt nieder, 1807 noch einmal 300, darunter der Dom – eine englische Flotte zündelte mit Brandraketen. Am Ende der Napoleonischen Kriege steht Dänemark auf der Verliererseite, ist bankrott und weiter geschrumpft, erlebt jedoch sein ›Guldalder‹, ein Goldenes Zeitalter seiner Kultur. Den Wiederaufbau Kopenhagens prägt der Neoklassizismus.

Vom Absolutismus zur Demokratie

Frederik VII. akzeptiert 1849 eine bürgerliche Verfassung – das Ende des Absolutismus. Kopenhagen darf endlich über seine Wälle wachsen: Die Brückenviertel entstehen für die neue Arbeiterklasse. 1881 kommen erstmals Sozialdemokraten ins Parlament, ab 1924 in die Regierung. Sie prägen die dänische Politik des 20.Jh. und bauen einen der führenden Sozialstaaten Europas.

Die Weltkriege

Den Ersten Weltkrieg erlebt Dänemark neutral, den Zweiten besetzt: Am 9.April 1940 legt ein deutscher Truppentransporter am Kopenhagener Langelinie Kaj an und die Soldaten überrumpeln das Hauptquartier des dänischen Militärs im Kastellet (s. S. 87). Als Rache für Sabotageakte des dänischen Widerstands zerstören Besatzer und dänische Kollaborateure später ›Volksheiligtümer‹, u.a. im Juni 1944 Teile des Tivoli. Ein Tipp aus deutschen Kreisen, dass die Deportation in Vernichtungslager bevor steht, führt zur Rettung fast aller dänischen Juden nach Schweden.

Aufbruch in die Gegenwart

Eine Straßenreihe durch Kopenhagens Innenstadt wird 1962 autofrei: Strøget, der ›Strich‹. Ab 1967 sieht man hier anderen Verkehr: Als Dänemark eine Vorreiterrolle bei der Freigabe von Pornographie in Europa übernimmt, öffnen überall in der Stadt Sex-Shops und prägen für Jahrzehnte Kopenhagens Ruf (s. S. 15). 1971 gründen Hausbesetzer in einer leer stehenden Kaserne im Stadtteil Christianshavn die bis heute existierende ›Freistadt Christiania‹. In den 1980er- und 1990er-Jahren bremsen dänische Volksabstimmungen mehrfach den Zug zur europäischen Einheit, dabei zeigt sich Kopenhagen EU-feindlicher als das ländliche Dänemark.

Das 21. Jh.

Am 1. Juli 2000 wird die Brücken-Tunnel-Verbindung nach Schweden eröffnet. Im Mai 2004 heiratet Kronprinz Frederik in der Vor Frue Kirke (s. S. 89) die Australierin Mary Elisabeth Donaldson, Juristin aus Tasmanien; 2006 taufen sie ihren Sohn in der Schlosskirche von Christiansborg (s. S. 86) auf den Namen »Christian Valdemar Henri John«, nach seinem Vater die Nr. 2 der Thronfolge.

Im September 2005 veröffentlicht die in Kopenhagen und Århus erscheinende Zeitung »Jyllands Posten« zwölf Mohammed-Karikaturen. Daraus resultieren Anfang 2006 antidänische Proteste in der islamischen Welt, die im Lande als schwerste außenpolitische Krise seit dem Zweiten Weltkrieg empfunden werden. Anfang 2008 wird ein Mordkomplott von Islamisten gegen einen der Zeichner der Karikaturen aufdeckt. Daraufhin veröffentlichen drei bedeutende Zeitungen die eine von ihm geschaffene Mohammed-Karikatur erneut. Wieder brennen dänische Fahnen in der islamischen Welt, aber es kommt auch zu schweren Unruhen in jenen Kopenhagener Wohnvierteln, in denen viele Menschen mit Migrationshintergrund leben.

Gut zu wissen

Kopenhagen ist ein lebensfrohes Pflaster

Aussichten

Bei Kopenhagens flacher Topografie muss man schon auf Türme steigen, will man einen Überblick bekommen, z. B. auf den Rundetårn (s. S. 87) oder den Turm des Rathauses. Eine der besten Aussichten erfordert große Schwindelfreiheit: die von jener Wendeltreppe, die sich außen um den Turm der Vor Frelsers Kirke windet (s. S. 88).

Danke – ›Tak‹

Dänen sind höflich, aber nicht devot: Sie verwenden das ›*tak*‹ (›Danke‹) häufig, z. B. ›*tak for i går*‹ (›Danke für Gestern‹) oder ›*tak for sidst*‹ (›Danke für letztens‹) beim ersten Wiedersehen mit einem Gastgeber nach einem netten Abend. Andererseits gibt es kein ›bitte‹ in Fragen und Forderungen, nur ›*værsgå*‹, wenn man jemandem etwas reicht.

Fettnäpfchen

Wer sich zu wichtig nimmt, zur Besserwisserei neigt oder seine Leistungen unnötig herausstellt, verstößt gegen den gesellschaftlichen Konsens des ›Jantelov‹: »Glaub nie, dass Du etwas Besseres bist.« Deshalb gelten Titel auch nicht viel, sondern eher als Angeberei. Deutsche Gründlichkeit ist wenig angesehen, eher wird ihr mit Sarkasmus begegnet. Zu forsches Auftreten von deutschen Besuchern weckt alte Ressentiments, der Begriff ›Herrenmenschen-Allüren‹ ist bis heute rasch bei der Hand. Man sollte nicht selbstverständlich ein Gespräch auf Deutsch beginnen, ohne wenigstens vorher zu fragen, ob der andere es versteht – oft wird die Antwort ›Ja‹ sein. Wer Dänemark zuvor nur an der Nordseeküste erlebte, wird neue Erfahrungen machen: Deutsche sind in Kopenhagen wenige unter vielen Besuchern, Deutsch ist entsprechend weniger gegenwärtig – es gibt nicht einmal in allen großen Museen deutschsprachige Erläuterungen.

Drogen

Selbst wenn man es in Christiania (s. S. 81) noch eindeutig riechen kann: auch weiche Drogen wie Haschisch sind illegal und die Polizei kontrolliert gern in der Umgebung der Freistadt.

Du statt Sie

Dänen reden sich – ausgenommen, sie wollen Respekt vor älteren Menschen oder Würdenträgern zeigen – mit ›du‹ an und lassen davon auch nicht ab, wenn sie Deutsch mit Besuchern sprechen. Das ist dann weder respektlos gemeint noch Zeichen vorschneller Verbrüderung oder gar von ›Anmache‹.

Feiertage

Neujahr (Nytår) am 1. Januar. Um Ostern (Påske) ist neben Karfreitag (Langfredag), Ostersonntag und Ostermontag auch der Gründonnerstag (Skærtorsdag), der Donnerstag vor Ostern, ein Feiertag. Der Große Bettag (Store bededag; etwa Buß- und Bettag) fällt auf den Freitag am vierten Wochenende nach Ostern, Christi Himmelfahrt (Kristi himmelfartsdag) wird wie anderswo am zweiten Donnerstag vor Pfingsten gefeiert. Die beiden Pfingsttage (Pinse) werden gern für muntere Feste unter freiem Himmel genutzt. Der Verfassungstag (Grundlovsdag) am 5. Juni, der in Dänemark auch die Rolle des Vatertags übernommen hat, ist offiziell nur ein halber Feiertag (ab mittags), ebenso wie Heiligabend (Juleaften) und Silvester (Nytårsaften). Die beiden Weihnachstage (Jul) sind ebenfalls Feiertage. Darüber hinaus können freie Tage tarifvertraglich vereinbart werden, das geschieht meist für den 1. Mai und die zweite Hälfte des Grundlovsdag, sodass viele Arbeitnehmer an diesen Tagen nicht arbeiten, Geschäfte geschlossen bleiben und auf den Straßen mit Feiertagsverkehr zu rechnen ist. Kein Feiertag, aber ein Tag zum Feiern, ist der Abend vor Johannis (Skt. Hans Aften) am 23. Juni (s. S. 69).

Gay in Kopenhagen

Kopenhagen hat eine muntere schwullesbische Szene, vor allem im Latiner Kvarter (s. S. 79) und im Snarrens Kvarter (s. S. 79). Diskriminierungen sind nicht erkennbar. Soweit sich in diesem Buch erwähnte Unterkünfte, Cafés, Restaurants, Nightlife-Spots oder Events vorrangig an homosexuelle Besucher wenden, wird dies erwähnt, die Adressen sind jedoch nicht gesondert aufgelistet. Allgemeine Info: Landsforeningen for Bøsser og Lesbiske (LBL), Teglgårdsstræde 13, Tel. 33 13 19 48, www.gayguide.dk (dän./engl.). Gut und ausführlich sind Gay-Infos auch auf www.visitcopenhagen.com (s. S. 5).

Kurzurlaub

Ein Trip mit ein oder zwei Übernachtungen sollte mindestens beinhalten: Besuch bei der Meerjungfrau (s. S. 82), Bummel über Strøget (s. S. 84), Museumsbesuch nach Interessenlage (s. ab S. 90) und romantischer Abend im Tivoli (s. S. 66) inkl. Essen in einem der dortigen Restaurants. Wer mit dem Auto unterwegs ist, kann am Abreisetag noch ein Ziel im Umland nahe der Autobahn Richtung Süden ansteuern, so das Kunstmuseum Arken (s. S. 93) oder die Stadt Roskilde (s. S. 103).

Langzeitaufenthalt

Kopenhagens Hotelpreise locken nicht unbedingt zu vielen Nächten, aber das Umland bietet preiswerte Unterkünfte und dank des guten öffentlichen Verkehrs sind auch Ferienhäuser z. B. an der nordseeländischen Kattegatküste (s. S. 75) eine gute Alternative. Als Langzeitaufenthalt kann man ruhig eine Reise nach Nord- oder Ostseeland mit Tagesbesuchen in Kopenhagen planen.

Outfit

Die Dänen mögen legere Kleidung und sind tolerant, auch im Geschäftsleben. Das Äußere wird lockerer gesehen als in Mitteleuropa, die Krawatte seltener getragen. Das heißt jedoch nicht, dass Dänen sich nicht modisch und elegant anziehen, wenn der Anlass es erfordert.

Pornographie

Obwohl das Thema ein alter Hut ist und Sex-Shops in Kopenhagen weniger verbreitet sind als in Berlin, Hamburg oder München, fällt vielen Menschen immer noch ›Pornographie‹ ein, denken sie an Dänemarks Hauptstadt, die ab 1967 bei der Enttabuisierung von Sex in Europa eine Vorreiterrolle spielte. Erotische Darstellungen von der Antike bis zur Gegenwart kann man heute im Museum goutieren, wer indes ein großes Sex-Angebot sucht, kommt ein Vierteljahrhundert zu spät.

Rabatte & Ermäßigungen

Die CPHCARD bietet freien Eintritt oder Rabatte zu Museen und Attraktionen sowie freie Fahrt im Verkehrsverbund der Hauptstadtregion (s. S. 25). Sie ist in i-Büros, Bahnhöfen, Unterkünften oder online (www.cphcard.dk; dän./engl.) erhältlich und 24 bzw. 72 Std. gültig. Erwachsene (inkl. 2 Kinder bis 9 Jahre) zahlen 199/429 DKK, 10–15jährige 129/249 DKK. Vor dem Kauf durchrechnen: Staatliche Museen (Statens Museum for Kunst, Nationalmuseum) nehmen grundsätzlich, andere an bestimmten Tagen – meist mittwochs – keinen Eintritt. Zudem gewähren staatlich anerkannte Museen unter 18-Jährigen freien Eintritt.

Bars, Discos und Kneipen locken gern mit Rabatten oder ›double up‹-Angeboten – man zahlt einen Drink und bekommt zwei – zur Happy-hour.

Geschäfte werben indes ganzjährig mit Ausverkäufen – *udsalg* – oder gewähren Mengenrabatte, z. B. eine Hose 300 DKK, zwei Hosen 500 DKK, drei Hosen 600 DKK. Zur Mehrwertsteuererstattung s. Kasten S. 53.

Rauchen

Lange hielt Dänemark als Raucher-Bastion stand, immerhin ist Königin Margarete II. als Kettenraucherin bekannt. Im August 2007 fiel aber auch diese Festung: Rauchen in öffentlichen Räumen ist drastisch eingeschränkt, der blaue Dunst darf nur noch Raucherräume von Kneipen, Restaurants und Hotels durchziehen, ausgenommen sind Bars und Kneipen mit weniger als 40 m² Fläche.

Seit Dänemark 2003 gegen alle Trends die Tabaksteuer senkte, um den Zigaretten-Tourismus vor allem nach Deutschland zu unterbinden, liegen die Preise für Glimmstängel politisch gewollt immer knapp unter dem deutschen. In Lokalen sind jedoch Aufschläge auf den Banderolenpreis üblich, Automaten gibt es kaum.

Regen

Museen wie Ny Carlsberg Glyptotek (s. S. 92), Staatens Museum for Kunst (s. S. 93) oder das Nationalmuseum (s. S. 91) bieten reichlich Abwechslung unter Dach und haben alle eine gute Gastronomie. Das Illum (s. S. 57) ist die beste Adresse für abwechslungsreiches Shopping an nassen Tagen, und im obersten Stock kann man beim Essen unter viel Glas sehen, ob sich das Wetter bessert.

Reisezeit

Die Winter sind eher nasskalt, nur alle 7 bis 8 Jahre gibt es einen Eiswinter mit gefrorenem Øresund. Im Mai steigen die Temperaturen, der Frühling kommt schnell und ist kürzer als in Mitteleuropa. Pfingsten ist das erste Fest, das die Kopenhagener draußen verbringen wollen, meist klappt es. Der Sommer reicht von Mitte/Ende Juni bis in den August hinein, in warmen Jahren auch bis in den September. Der Herbst ist meist feucht und kann stürmisch sein, auf jeden Fall nicht sonderlich attraktiv. Touristisch ist Hochsaison, solange das Tivoli (s. S. 66) geöffnet hat.

Reservieren

Wer in einem Top-Restaurant speisen will, sollte vor allem für Freitag oder Samstag ein paar Tage im Voraus den Tisch bestellen, ansonsten reicht es am

Tag selbst oder einen Tag zuvor. Werktags kann es mittags in den populärsten Frokostrestaurants (s. S. 42) Engpässe geben, deshalb auch da zeitig reservieren. In der Vorweihnachtszeit kann es Platzprobleme vor allem in Lokalen geben, die auf Büfetts spezialisiert sind, wenn Arbeits- oder Clubkollegen, Freundes- oder Familienkreise Julefrokost abhalten, die populären ausgiebigen Weihnachtsessen.

Restaurantführer

Jeweils in Englisch auf Papier oder online: Liste nach geografischer Orientierung der Küche in Copenhagen This Week / www.ctw.dk. Kurzbesprechungen aktuell angesagter Lokale in The Copenhagen Post / www.cphpost.dk. Kurzbesprechungen nur online auf www.aok.dk (alle dän./engl.).

Toiletten

Größere öffentliche Toilettenanlagen finden sich an zentralen Plätzen: Rathausplatz unter dem Busterminal, Amagertorv auf Höhe des Café Europa (sehr sauber, Jugendstilarchtektur), Kongens Nytorv zum Nyhavn hin.

Trinkgeld

Trinkgeld ist keine Pflicht, kann aber für guten Service gegeben werden. Aufrunden in Restaurants und Taxis ist üblich.

Tücken im Verkehr

Ampelanlagen an dänischen Kreuzungen sind gewöhnungsbedürftig, denn für jede Fahrtrichtung gibt es vor und hinter dem Kreuzungsbereich je eine Ampel. Linksabbieger fahren nach dem Abbiegen auf eine rote Ampel zu, die jedoch nicht ihnen, sondern dem Querverkehr gilt. Auf den letzten Metern vor Kreuzungen vereinen oder kreuzen sich zudem häufig Rechtsabbieger-, Bus- und Fahrradspuren – hier ist besondere Vorsicht geboten. Kopenhagen ist radfahrerfreundlich, nicht nur wegen der kostenlosen Stadträder (s. S. 24). Gefährliche Tücken bergen indes ungewohnte Gepflogenheiten: Um Auffahrunfälle zu vermeiden, zeigt man durch Heben einer Hand nachfolgenden Radfahrern an, wenn man stoppen will. Und zum Linksabbiegen fahren Radfahrer erst einmal ganz rechts über die Kreuzung und ordnen sich dort in den Querverkehr ein. Zwar werden immer mehr Bushaltestellen durch Sicherheitsinseln von den Radwegen getrennt, aber nach wie vor gibt es solche, an denen man direkt aus dem Bus auf den Radweg aussteigt. Radfahrer sollten halten, Busfahrgäste ihrerseits aufpassen, weil viele Radler es nicht tun.

Adressen in Verwirrung

Im Zentrum wechseln die Postleitzahlen, soweit diese mit 1 beginnen, von Straße zu Straße; ab den 2000er-Nummern gelten sie jeweils für einen Stadtteil. Zum Stadtnamen kommen noch ein oder zwei Buchstaben für das Viertel, so K für die Innenstadt, V für Vesterbro, N für Nørrebro und Ø für Østerbro. An der Grenze zwischen Kopenhagen und dem selbständigen Frederiksberg (PLZ 1800–2000) wird es ganz verwirrend, z. B. am Værnedamsvej: Gerade Hausnummern gehören dort zu 1619 København V, ungerade zum ›Steuerparadies‹ 1819 Frederiksberg C. Ab PLZ 2500 beginnen Vororte, die kein København mehr im Namen tragen – der Flughafen liegt in 2770 Kastrup.

Sprachführer

Wer Deutsch kann, versteht leicht geschriebenes Dänisch, wehe aber, Dänen sprechen. Sie sind Weltmeister im Verschlucken von Buchstaben oder Silben und im Zusammenziehen von Wörtern. Außerdem werden einige Buchstaben ungewohnt ausgesprochen: das Y immer wie Ü, das S immer stimmlos, das G gelegentlich wie J und das Aa, das mit dem Å synonym ist, wie das lange, offene O in Oberhausen. Wichtig bei der Suche in Registern: Æ, Ø und Å/Aa rangieren hinter XYZ, das W – Dänisch ›Doppel-V‹ – ist häufig bei V eingeordnet, außerdem Ä bei Æ, Ö bei Ø und Ü bei Y.

Eine besondere Falle bereitet eine touristische Alltagssituation, nämlich die Frage nach dem freien Stuhl: »Ist der frei?« Dies wird auf Dänisch mit anderen Vorzeichen gefragt: »Er den optaget?« (›Ist der besetzt?‹) Wird nun mehr erahnt als verstanden, was der Gegenüber will, und nur mit Nicken oder Kopfschütteln geantwortet, ist ein Missverständnis vorprogrammiert.

Abkürzungen

DKK	Dänische Kronen
Sct., Skt.	Sankt
St.	Store (Groß-)

Allgemeines

Guten Morgen	god morgen
Guten Tag	goddag
›Tachchen‹	davs
Auf Wiedersehen	farvel
Bis bald	vi ses
Danke	tak
Entschuldigung	undskyld
geschlossen	lukket
geöffnet	åbent
zu mieten	til leje
geschlossen	lukket
rund um die Uhr geöffnet	åbent hele døgnet
(Nicht-)Raucher	(ikke)ryger

Tage & Tageszeiten

Montag	mandag
Dienstag	tirsdag
Mittwoch	onsdag
Donnerstag	torsdag
Freitag	fredag
Samstag	lørdag
Sonntag	søndag
Morgen	morgen
Nachmittag	eftermiddag
Abend	aften
Nacht	nat
täglich	dagligt
werktags	hverdage
außer	undtagen
Sonn- und Feiertage	søn- og helligdage
Stunde	time

Unterwegs

Fahrplan	køreplan
Abfahrt	afgang
Ankunft	ankomst
Bahnhof	banegård
Flughafen	lufthavn
Tankstelle	service station
Ein-/Ausgang	ind-/udgang
Einbahnstraße	ensrettet
Fußgängerzone	gågade
Einfahrt	indkørsel
Parkplatz	parkeringsplads
Zutritt	adgang
verboten	forbudt
gesperrt	spærret
(nach) rechts	(til) højre
(nach) links	(til) venstre
von/bis	fra/til
Auto	bil
Fahrrad	cykel
Verleih	udlejning

PKW-Platz (auf Fähren)	bilplads (på færgen)
Unfall	ulykke

Im Hotel

Übernachtung	overnatning
Einzel-/Doppel-/ Familienzimmer	enkelt-/dobbelt- /familieværelse
alles voll	alt optaget

Im Restaurant

Kulinarischer Sprachführer s. S. 39

Flasche Rotwein	en flaske rødvin
Glas Weißwein	et glas hvidvin
Speisekarte	menukort
Tagesgericht	dagens ret
Kindergerichte	børneretter

Im Krankheitsfall

Apotheke	apotek
Ärztehaus	lægehus
Krankenhaus	sygehus
Unfallstation	skadestue
(Zahn)ärztlicher Notdienst	(tand)lægevagt

Zahlen

1	en	17	sytten
2	to	18	atten
3	tre	19	nitten
4	fire	20	tyve
5	fem	21	enogtyve
6	seks	30	tredive
7	syv	40	fyrre
8	otte	50	halvtreds
9	ni	60	tres
10	ti	70	halvfjerds
11	elleve	80	firs
12	tolv	90	halvfems
13	tretten	100	ethundrede
14	fjorten	225	tohundre-defemogtyve
15	femten		
16	seksten	1000	ettusinde

Die wichtigsten Sätze

Ich verstehe kein Dänisch. Jeg forstår ikke dansk.
Haben Sie* ein Einzel-/Doppelzimmer?
Har du* et enkelt/dobbeltværelse?
Ich möchte einen Tisch für … Personen reservieren.
Jeg vil gerne reservere et bord til … personer.
Wo kann ich parken? Hvor kan jeg parkere bilen?
Wann fährt der Bus/die (S-)Bahn nach …?
Hvornår kører bussen/(S-)toget til …?
Wo fährt der Bus/die (S-)Bahn ab? Hvor går bussen/(S-)toget fra?
Ich möchte in … aussteigen. Jeg vil gerne stige af i …
Wie komme ich zu/nach …? Hvordan kommer jeg til …?
Ich möchte gerne zahlen. Jeg vil gerne betale.
Kann ich mit (dieser) [Kredit-]Karte bezahlen?
Kan jeg betale med (dette) [kredit]kort?
Wie spät ist es? Hvad er klokken?
Es ist zwei (drei …) Uhr. Klokken er to (tre …).
halb/viertel vor/nach halv/kvart i/over
zehn Minuten vor/nach ti minutter i/over

* Zum Verhältnis des deutschen Sie zum dänischen Du s. S. 14.

Auskunft

VisitDenmark
(für alle deutschsprachigen Länder)
Postfach 70 17 40, 20095 Hamburg, daninfo@visitdenmark.com; www.visitdenmark.com. Tel. Anfragen und Prospektbestellungen Mo–Fr 9–17 Uhr, Tel. 01805-32 64 63 (0,14 €/Min).

Copenhagen Right Now Tourist Information
– i-Büro mit Zimmervermittlung für persönliche Besuche: Vesterbrogade 4A, gegenüber Tivoli Haupteingang (E 6), Juli/Aug. Mo–Sa 9–20, So 10–18, Mai/Juni Mo–Sa 9–18, sonst Mo–Fr 9–16, Sa bis 14 Uhr.
– Anfragen schriftlich und telefonisch: Gammel Kongevej 1, DK-1610 København V, Tel. 70 22 24 42, Fax 70 22 24 52, touristinfo@woco.dk.

Turistinformation Lyngby
Lyngby Torv 5, 2800 Lyngby,
Tel. 45 88 66 16, Fax 45 88 58 16,
www.lyngbyturistinformation.dk
Günstige Hotel- und B&B-Zimmer in der grünen Peripherie mit guter S-Bahn- und Busanbindung an die Innenstadt.

Touristenmagazine

Copenhagen this week: Monatlich, englischsprachig, viele Infos und Adressen, Veranstaltungs- und Ausstellungskalender, gute Stadtpläne; gratis dort, wo Touristen auftauchen können (www.ctw.dk).

The Copenhagen Post: Wöchentlich, englischsprachig, mit Nachrichten, große Beilage In&Out mit Veranstaltungstipps, Kurzbesprechungen von Restaurants und Clubs, 20 DKK an ausgewählten Kiosken oder gratis in vielen Lokalen und auch Hotels. (www.cphpost.dk).

Einreise

Dänemark ist seit 2001 Schengen-Land, somit entfallen Grenzkontrollen. Dies entbindet Staatsbürger der EU-Länder und der Schweiz jedoch nicht, Ausweispapiere bei sich zu haben. Urlauber dürfen Dinge für den persönlichen Gebrauch aus anderen EU-Staaten unbeschränkt einführen.

Anreise

... mit dem Flugzeug

Der Flughafen København Kastrup (CPH) liegt ca. 10 km östl. mit hervorragender Anbindung an die Innenstadt. Verkehrsverbundtickets (s. S. 25) sind gültig, in die City 30 DKK: *Züge* ab Flughafenbahnhof tagsüber min. 3 x stdl. ca. 15 Min. bis Hauptbahnhof; *Metro* tagsüber alle 4–6, nachts alle 15 Min. via Kongens Nytorv (G/5), Nørreport (F/4) nach Frederiksberg (B/5), bis Innenstadt ca. 15 Min.; *Stadtbuslinien* 12, 250 S, 96 N ab/bis Rathausplatz; *Taxis* ca. 180–250 DKK.

Kopenhagen Kastrup wird am häufigsten von der skandinavischen **SAS** angeflogen (www.flysas.de; Service-Hotline Kopenhagen Tel. 70 10 20 00), die mit **Lufthansa** (www.lufthansa.com, Tel. 70 10 03 33), **Swiss** (www.swiss.com, Tel. 70 10 50 64) und **Austrian Airlines** (www.aua.com, Tel. 70 11 30 00) kooperiert. Sind keine Businesskunden zu erwarten wie in den Sommerferien, locken Sondertarife. Kopenhagen wird auch von einigen Low-Budget-Airlines angeflogen, Flugpläne und Routen wechseln jedoch häufig. Die Ticketpreise für einen Hin- und Rückflug ab Flughäfen in den deutschsprachigen Ländern beginnen bei rund 50 € inkl. Steuern und Versicherungen, Preise ab 200 € sind realistischer, immer mit Einschränkungen beim Buchen und Umbuchen. Flexible Tickets kosten ca. 400 € pro Strecke.

Low-Budget-Airlines in CPH:

Air Berlin (z. Z. ab Düsseldorf und Berlin direkt, sonst mit Umsteigen): www.airberlin.com, Tel. 32 31 47 00

EasyJet (z. Z. ab Berlin): www.easyjet.com, Tel. 70 12 43 21

sterling.dk (z. Z. ab Berlin, Dortmund und Salzburg): www.sterling.dk, Tel. 70 10 84 84

Cimber Air (www.cimber-air.dk, Tel. 70 10 12 18) ab Basel.

(Alle genannten Tel.-Nummern sind die Service-Nummern für Kopenhagen!)

... mit der Bahn

Zwischen Hamburg und Kopenhagen verkehren tagsüber ICE- und EC-Züge über die Vogelfluglinie (inkl. Fährüberfahrt ca. 4,5 Stunden). Über Angebote wie Sparpreis Europa 25 (1. Person 25 %, Mitreisende 50 % Rabatt) oder Sparpreis Europa 50 (alle 50 %) sowie die Europa Spezial Angebote (ab 29 Euro pro Strecke) informieren Servicezentren der Bahn oder www. bahn.de (auch Online-Buchung).

Ein City Night Line-Zug mit Schlaf-, Liege- und Sitzwagen fährt täglich (außer am 24. und 31.12.) mit Zugteilen aus Amsterdam via Köln, Ruhr-Gebiet und Bielefeld, aus Basel via Mannheim, Frankfurt sowie aus München via Nürnberg, Würzburg und Fulda über Hamburg, Flensburg und durch den Großen Belt Tunnel nach Kopenhagen, Ankunft ca. 10 Uhr. Beratung und Buchung unter Tel. 01805-14 15 14 (0,14 €/Min) oder unter www.nachtzugreise.de.

... mit dem Bus

Aus ganz Europa via Hamburg ZOB: **Eurolines**, Tel. in DK 70 10 00 30 (Ticketverkauf im i-Büro), in D 0 69/79 03 501, www.eurolines.de (Online-Buchung)

Ab Berlin ZOB via Rostock: **BerlinLinienBus** (2–3 x tgl.), Tel. in DK 70 10 00 30, Tel. in D 0 30/86 09 62 11, www.berlinlinienbus.de

Graahundbus/Berolina Linie E 55 (1 x tgl.), Tel. in DK 44 68 44 00, in D 03 37 01/30 755, www.berolina-berlin. com. Stopp für Fernbusse in Kopenhagen Ingerslevsgade (E/7; neben DGI Gebäude).

... mit dem Kreuzfahrtschiff

Traditioneller Liegeplatz für Kreuzfahrtschiffe ist der Langelinie Kaj (J1/2), dort günstige Factory Outlets (s. S. 57). Neben Shuttle-Bussen für Kreuzfahrer verkehren Busse der Linie 26 ins Zentrum.

... mit dem Auto

Ohne Schiffspassage erreicht man Kopenhagen über den Großen Belt (Brückenmaut PKW bis 6 m: 205 DKK/29 €), doch die Fähren der Vogelfluglinien sind populärer denn je:

Puttgarden–Rødby: 45 Min., alle 30 Min.; PKW inkl. Insassen 60 €, HS Fr–So 6–24 Uhr 70 €, 0–6 Uhr 50 €.

Rostock–Gedser: 1 Std. 45 Min., bis 10 x tgl.; PKW inkl. Insassen 80 €, Fr–So Hochsaison 110 €.

Alle Preise einfache Fahrt, an Hauptreisetagen unbedingt reservieren:

Scandlines: in D Tel. 0 18 05 11 66 88 (0,14 € Min), in DK 33 15 15 15, Online-Buchungen bringen bei einigen Abfahrten Rabatte: www.scandlines.de.

Verkehrsregeln: Es gilt Tempo 50 in Ortschaften, 80 auf Landstraßen und 130 auf Autobahnen. Sonst ist ungewohnt:

Fahrlicht ist ganztägig Pflicht; Reißverschlussverfahren an Autobahnauffahrten; weiße Dreiecke (Haifischzähne) auf der Fahrbahn an Kreuzungen heißen ›Vorfahrt gewähren‹, gelb bemalte Bordsteinkanten ›Parkverbot‹. Buchstaben auf Hinweisschildern zu Autobahnen zeigen die Richtung an: E47 s = Autobahn 47 in südl., E47 n in nördl. Richtung.

Geld

Die Dänen behalten vorläufig die Dänische Krone (DKK), deren Wechselkurs eng an den € gebunden ist: 1 €=7,43 DKK, 1 CHF= 4,61 DKK bzw. 1 DKK= 0,13 € oder 0,21 CHF. Im Umlauf sind Banknoten zu 50, 100, 200, 500 und 1000 DKK und Münzen zu 1, 2, 5, 10 und 20 DKK, sowie zu 25 und 50 Øre – andere Ørebeträge werden nur im bargeldlosen Zahlungsverkehr benutzt, sonst gerundet. Die Maestro-Card und Kreditkarten (verbreitet Visa und Eurocard) werden fast überall akzeptiert, jedoch steigt die Zahl der Shops, Hotels, Restaurants und Tankstellen, die bei Kreditkartenzahlung Aufschläge in Höhe der ihnen angelasteten Gebühren (bis 5 %) verlangen. Geldautomaten mit deutschsprachigem Menü für Maestro-Card und Kreditkarten sind zahlreich.

Der **Verlust** einer Kreditkarte ist vorrangig dem ausstellenden Institut, z. B. Ihrer Bank, zu melden. Zentrale Sperrnummer in D: 0049-116 116 oder 0049-30 40 50 40 50 9, www.116116.eu. Sperrnummern in DK: MasterCard Tel. 80 01 60 98, Visa Tel. 80 01 02 77, American Express Tel. 80 01 60 98, Diners Club Tel. 36 73 73 73. Kreditkartennummer, Kontonummer und Bankleitzahl bereithalten!

Geld wechseln: Banken (Mo–Fr 9.30–16, Do bis 8 Uhr) und Wechselstuben u.a. im Hauptbahnhof (tgl. 7–21 Uhr) oder an Strøget (Mo–Sa 9–20/21, So 9/10–18 Uhr). Wechselgebühren **pro Tausch** ca. 20–35 DKK.

Sicherheit

Kopenhagen ist relativ sicher, aber nicht kriminalitätsfrei. Der Satz »tøm bilen, for tyven gør det«, der an fast allen Parkplätzen steht, heißt auf Deutsch: ›Leere Dein Auto, bevor der Dieb es tut.‹

Notfall

Notruf alle Dienste: 112 (aus Telefonzellen ohne Münzeinwurf).
Ärztlicher Notdienst (Lægevagten): Tel. 70 13 00 41; Notfallhilfe auch in Krankenhäusern *(sygehus)*.
Zahnärztlicher Notdienst (Tandlægevagten), tgl. 20–21.30, So u. Fei auch 10–12 Uhr, Oslo Plads 14, 2100 Køb. Ø (G3), Tel. 35 38 02 51.
24-Std.-Apotheke: Steno Apotek, Vesterbrogade 6C, 1620 Køb. V (E6), Tel. 33 14 82 66. Medikamente gibt es meist nur auf Rezept.
Notfallbehandlungen in Krankenhäusern sind kostenlos. Ansonsten sind gesetzlich versicherte EU-Bürger gegen Vorlage einer gültigen European Health Insurance Card (EHIC), die Sie entweder auf der Rückseite Ihrer Versichertenkarte haben oder bei Ihrer Krankenkassen anfordern können, beim Arztbesuch gesetzlich versicherten Dänen gleichgestellt.
Pannenhilfe: Private Unternehmen wie Dansk Autohjælp (Tel. 70 10 80 90) oder

Falk (Tel. 70 10 20 30) helfen, nicht jedoch der dänische Automobilclub FDM!

Fundbüros: bei Verkehrsträgern (Bus, Bahn, Flug) oder Polizeidienststellen. Zentral: Københavns Politi-Hittegodskontoret, Slotsherrensvej 113, 2720 Vanløse, Tel: 38 74 88 22 (Mo–Do 9–17.30, Fr bis 14 Uhr).

Deutsche Botschaft: Stockholmsgade 57, 2100 Køb Ø (G3), Tel. 35 45 99 00, www.kopenhagen.diplo.de.

Österreichische Botschaft: Sølundvej 1, 2100 Køb Ø (nördl. F1) Tel. 39 29 41 41, kopenhagen-ob@bmaa.gv.at.

Schweizer Botschaft: Amaliegade 14, 1256 Køb K (H5), Tel. 33 14 17 96, cop.vertretung@eda.admin.ch

Telefonieren

In Dänemark gibt es außer bei Sondernummern nur achtstellige Rufnummern ohne Vorwahlen. Viele Münzgeräte behalten eingeworfene Münzen, auch wenn kein Gespräch zustande kommt. Private Münztelefone in Hotels, Lokalen und auf Campingplätzen kassieren oft stark erhöhte Gebühren. In Hotelzimmern müssen die Telefongebühren sichtbar aufgehängt sein. Telefonkarten gibt es in Kiosken, Tankstellen und Postshops. Günstig für Auslandsgespräche sind Calling Cards freier Telefongesellschaften wie Global One, die meist auch über Hoteltelefone nutzbar sind; die Einwahl erfolgt über gebührenfreie Rufnummern, Beschreibungen liegen den Karten bei. Anrufe bei der Auskunft *(nummeroplysning)* sind teuer: Inland 118, Ausland 113. In Telefonzellen, in denen die Nummer am Gerät vermerkt ist, kann man angerufen werden.

Handy: Die Netzabdeckung für GSM-Mobiltelefone ist ausgezeichnet. Prepaid-Cards dänischer Mobilfunkanbieter, z. B. von ›TDC-mobil‹, sind sehr günstig: Starterpakete kosten bislang nicht einmal so viel wie die darin enthaltenen Gesprächsgebühren, die SIM-Card – de facto also eine dänische Nummer – gibt's somit gratis. Damit ist man dann zwar nur auf der dänischen Nummer zu erreichen, telefoniert aber ins In- und Ausland billiger und zahlt nicht wie sonst üblich für ankommende Gespräche. Telefonieren im Auto ohne Freisprecheinrichtung ist verboten und kostet ca. 500 DKK.

Öffnungszeiten

Supermärkte können sieben Tage die Woche bis in die Nachtstunden geöffnet haben, einige gut sortierte Kioske sogar rund um die Uhr. Sonst Richtwerte für Geschäfte in der Stadt: Mo–Fr 9/10 bis 17.30–19 Uhr, Sa 9 bis 15–17 Uhr, So nur Bäckereien, Kioske, Souvenirshops; Banken s. S. 22.

Reisen mit Handicap

Auf www.visitcopenhagen.com unter [About Copenhagen] => [Practical Information] => [Handicap Facilities] gibt es Infos zur Zugänglichkeit von Attraktionen, Unterkünften und Verkehrsmitteln. Der Behindertenverband DH (Tel. 36 75 17 77, www.handicap.dk; dän./engl.) vergibt ein Qualitätslogo für barrierefreie Zugänge an touristische Unternehmen. Auf www. godadgang.dk (auch dt.) findet man die Kriterien und kann entsprechende Einrichtungen suchen.

Unterwegs in Kopenhagen

… mit dem Auto

Tücken im Verkehr siehe S. 17.

Mietwagen bieten alle großen Verleiher am Flughafen oder in ihren Citybüros (s. u.) in der Regel mit günstigen Touristentarifen bei Miete/Rückgabe an der gleichen Station:

Avis (E5/6), Kampmannsgade 1, Tel. 70 24 77 07, www.avis.dk;

Hertz (E6), Ved Vesterport 3, Tel. 33 17 90 20, www.hertzdk.dk;

Europcar (E6), Gammel Kongevej 13, Tel. 33 55 99 00, www.europcar.dk;

Budget (E6), Vester Farimagsgade 7, Tel. 33 55 70 00, www.budget.dk;

Lej et lig (›Leih eine Leiche‹), Nyborggade 30, 2100 Køb Ø, Tel. 70 25 45 25, www.lejetlig.dk.

Parken: In Kopenhagen gibt es drei Parkzonen (s. Rückseite Faltplan): Mo–Fr 8–18, Sa 8–17 Uhr ROT 26, GRÜN 15 und BLAU 9 DKK/Std. Alle Zonen Mo–Fr 18–23 Uhr 9, und 23–8 Uhr 3 DKK/Std., Sa ab 17 Uhr und So gratis. Ab dem 3. Tag lohnen Wochenkarten für 965, 600 bzw. 340 DKK. Wohnmobile über 2,5 t dürfen in Zone ROT nicht parken. Parkscheine gelten bei Parkplatzwechsel in derselben oder in preiswerteren Zonen weiter. Knöllchen liegen z. Z. bei 510 DKK (ca. 70 €). Immer verboten ist Parken 10 m – fast zwei Autolängen! – von Kreuzungen, 5 m von Zebrastreifen und Abfahrten von Fahrradwegen entfernt sowie an Straßen mit durchgezogener Mittellinie! Park-Infos, Verkauf von Wochenkarten, Beschwerdestelle gegen Knöllchen: **Center for Parkering**, Gammeltoftsgade 17 (1355 Køb K), Tel. 70 80 80 90, www.parkering.dk (dän.), www.parking.dk (Kurzfassung auf Englisch und Deutsch).

Parkhäuser kassieren ähnliche Preise. Verfügbarkeit von Plätzen auf www.p-henvisning.dk. **Frederiksberg** (s. S. 11) hat andere Regeln: P-Zonen Mo–Fr 8–20, Sa bis 15 Uhr 1 Std. mit Parkscheibe frei, darüber hinaus braucht man Rubbel-Parkscheine, die Läden/Kioske verkaufen und jeweils einen ganzen Tag gelten (35 DKK).

… mit dem Fahrrad

Tücken im Verkehr siehe S. 17.

Bycykler kann man an ca. 125 Fahrradständern im Zentrum – Prinzip Einkaufswagen – gegen eine 20-Kronen-Münze als Pfand entnehmen; die Spezialräder sind für längere Touren jedoch unbequem. Es gilt als Diebstahl, sie mit Schlössern zu sichern oder sie außerhalb des Innenstadtbereichs – Karte an jedem Stand – zu benutzen.

Solide Räder (75 DKK/Tag, Rabatte bei mehrtägiger Miete) verleihen Mo–Fr 8–18, Sa 9–13 Uhr **Københavns Cykler,** Reventlovsgade 11 (Hauptbahnhof, E6), Tel. 33 33 86 13, und **Østerport Cykler,** Oslo Plads 9 (S-Bahn-Station Østerport, G3), Tel. 33 33 85 13.

… mit Bus und Bahn

(Verkehrsplan s. Rückseite Faltplan)

Alle öffentlichen Nahverkehrsmittel bilden mit Kopenhagen als Zentrum einen Tarifverbund vom Kattegat im Norden bis Roskilde und Køge im Süden: 4.30–0.30 Uhr **Stadtbusse** mit hoher Frequenz, **S-tog** (S-Bahn) und **Privatbaner** 2–6 x/Std., Nachtbusse 0.30–4.30 Uhr 1–2 x/Std. **Metro** tagsüber 10–30 x, nachts 4–8/Std. **Movia-Havnebus** (Hafenbus) Linie 901/902 pendelt Mo–Fr 6–18.30, Sa, So ab 10 Uhr über den

Hafen mit Stopps an beiden Ufern, Linie 903 jeweils bis 23 Uhr zwischen Nyhavn und Oper. **Kystbanen** (Küstenbahn) Helsingør (s. S. 102) – Kopenhagen – Flughafen – Malmö (Schweden) alle 20 Min., nachts 1 x/Std.

Standardtickets je nach durchfahrenen Zonen von 20 DKK für eine Stadtfahrt bis ca. 90 DKK quer durch das Tarifgebiet. 1–5 Uhr doppelter Fahrpreis. Für Fahrten nach Schweden gelten eigene Tarife. Ermäßigungen durch Mehrfach- (Klippekort) und Zeitkarten, z. B. **24-timers billet** für das ganze Netz 115 DKK. Ein Erwachsener kann 2 Kinder unter 12 J. gratis mitnehmen, sonst Kinder unter 16 J. die Hälfte. Ohne gültiges Ticket zahlt man bei Kontrollen 600 DKK. Verkehrsknotenpunkte sind Hauptbahnhof (E 6; Fern- und S-Bahn, Bus), Rathausplatz (F 6, Bus), Kongens Nytorv (G 5; Metro, Bus) Nørreport (F4/5; Kystbanen, S-Bahn, Metro, Bus. Infos: Tel. 36 13 14 15, www.movia.dk (Busse, Havnebus; dt. unter [Tourist]), Tel. 70 15 16 15, www.m.dk (metro), www.dsb.dk (S-Bahn).

… mit Taxi oder Rikscha

Taxi: 20–50 DKK Grundgebühr plus 11–16 DKK/km, verschiedene Zentralen u. a. Tel. 35 35 35 35 oder Tel. 32 51 51 51. Taxis transportieren Fahrräder (plus 20 DKK).

Wassertaxi: Flyvefisk, Tel. 32 96 49 64, www.flyvefisk.dk. Hafen und Kanäle. Taxifahrten ab 150 DKK, Sightseeing ab 1200 DKK/Std. Vor und nach Oper-Aufführungen Pendelfahrt City–Oper 50 DKK/Pers.

Rikscha: u. a. Copenhagen Rickshaw (Tel. 35 43 01 22, www.rickshaw.dk) ideal für Innenstadt oder Sightseeing. Halteplätze Amagertorv (G 5), Rådhus Pladsen (F6), Kongens Nytorv/Nyhavn (H 5). Ca. 40 DKK Grundpreis plus 4 DKK/Min.

Organisierte Touren

Bustouren in Stadt und Umland bietet **Sightseeing.dk/Paaske Bus**, meist mit Kommentar auch auf Deutsch. Klassiker ist die Grand Tour of Copenhagen (2,5 Std., min. 1 x tgl.; ca. 200 DKK). **Open Top Tours** fahren 1–2 x stdl. auf drei Routen Attraktionen an (Saison 9.30–16.30, sonst ca. 10–13/14/15 Uhr; Tagesticket mit ›hop-on-hop-off-Prinzip‹ für alle Linien 150 DKK). An den Lurenbläsersäulen neben dem Rathaus (F 6) ist zentraler Abfahrtspunkt für Sightseeingbusse. Tickets in Hotels, im i-Büro oder auf www.sightseeing.dk (Drucker nötig!).

Hafen- und Kanalrundfahrten je 50 Min. ab Anlegern an Holmens Kanals (G5/6) und Nyhavn (H5) mit DFDS Canal-Tours (März–Dez. tgl., sonst Sa, So, 60 DKK) und Netto-Både (Mitte März–Mitte Okt. tgl. 30 DKK). Vandbusser hop-on hop-off auf drei Linien mit vielen Anlegern (Juni–Aug. tgl. ca. 10–17 Uhr, Tagesticket für unbegrenztes Ein- und Aussteigen 50 DKK). Das Freedom-Ticket für 2 Tage (220 DKK) gilt auf allen Fahrten von DFDS Canal Tours, auf Vandbusser hop-on hop-off und den Bussen von Open Top Tours (s. o.).

Fahrradrundfahrten (ab 250 DKK) mit Guides bietet City Safari, Gammel Dok (H6), Strandgade 27 B, 1401 Køb K, Tel. 33 23 94 90, www.citysafari.dk.

Stadtwanderungen unter verschiedenen Themen Mai–Sept. Aktuelle Angebote kennen das i-Büro, Hotelportiers und das Touristenmagazin Copenhagen this week (s. S. 20).

Zu Gast in K

Wo rockt oder jazzt Kopenhagen, wo gibt es das beste Smørrebrød, wo die urigsten Traditionskneipen, wo die flippigsten Cafés? Wo übernachtet man romantisch, wo funktional, aber billig, wo in einem Klassiker des Danish Design? Und wo bitte kauft man dies am besten? Dieser Kopenhagen-Führer gibt Ihnen nützliche Tipps und ausgewählte Adressen an die Hand, damit Ihre Reise zu einem Erlebnis

openhagen

wird. Die große Extra-Karte hilft bei der Orientierung, denn die Koordinatenangaben bei allen Adressen ersparen langes Suchen. Und die wichtigsten Sehenswürdigkeiten, Hotels und Restaurants sind auf der Karte besonders hervorgehoben. Wer ›København‹ schließlich aus nicht ganz gewöhnlichen Perspektiven kennen lernen will, sollte sich von den fünf Touren ab Seite 106 leiten lassen.

Übernachten

Willkommen in den Kopenhagener Hotels

Sterne für die Nacht

Dänemarks Hotel- und Gaststättenverband HORESTA bewertet Mitgliedshotels nach objektiven Kriterien mit bis zu fünf Sternen. Atmosphärisches, Niveau von Küche und Service oder die Lage spielen keine Rolle. Von 1 bis 3 Sternen geht es vor allem um Mindeststandards, bei 4 und 5 Sternen um das gewisse etwas Mehr an Größe, Komfort und Luxus bei Zimmerausstattung, Service und Fitnesseinrichtungen. Ab 3 Sterne kann man immer mit Bad/WC, Telefon, TV und Schreibtisch rechnen.

Hohe Preise, gute Rabatte

Kopenhagens Zimmerpreise waren lange auf hohem Stand stabil, dafür sorgt schon Vater Staat, der mit 25 % Mehrwertsteuer in jedem Bett liegt. Konkurrenz durch günstige Hotels im schwedischen Malmö, die mit der Bahn (s. S. 25) in kaum mehr als 30 Minuten zu erreichen sind, sowie steigende Bettenzahlen in Kopenhagen selbst haben die Preise jedoch ins Rutschen gebracht. Ist kein großer Kongress in der Stadt, lassen sich sogar 5-Sterne-Hotels an Wochenenden und in der Ferienzeit mit Sonderangeboten auf das Preisniveau von Hotels der Touristenklasse herab. Die können ihrerseits nicht einmal mehr zur Tivoli-Saison (s. S. 66), in der sie früher richtig Kasse machten, ohne Schnäppchen ihre Betten füllen. In den letzten Jahren senkten einige Hotels ihre offiziellen Preise komplett, andere setzen lieber auf ständige Sonderangebote, gern im Internet angepriesen. Lohnend ist darüber hinaus der Blick auf Pauschalreisen mit Flug- oder Fähranreise inkl. Hotel, sie sind oft günstiger, als beides getrennt zu buchen. Und ganz Nervenstarke machen zu später Stunde eine Runde: Mehr als 50 % Rabatt für ein Zimmer, das sonst leer bliebe, kann man dann erwarten. In diesem Buch erfolgt die Zuordnung der Hotels in die Preisgruppen von Low Budget bis Luxus nach den veröffentlichten Preisen von Doppelzimmern (DZ) inklusive Frühstück.

Hier gibt es Zimmer

Zentral liegt die Zimmervermittlung von Copenhagen Right Now (s. S. 20), online ist sie auf www.bookcopenhagen.dk zu erreichen; www.danischehotels.de ist das kommerzielle Hotel-Buchungsportal von VisitDenmark (s. S. 20). Copenhagen a la Carte (Århusgade 33, Tel. 35 44 10 10, www.kobenhavn-hoteller.dk, Bürozeit Mo–Fr/Sa 9–18/14 Uhr) bietet Zimmer außer in Kopenhagen auch im preiswerteren Malmö (Schweden) inkl. Bonus-Card für kostenlose Bahnfahrten über den Øresund und Besuche zahlreicher Attraktionen.

Low Budget

Sleep in Heaven (D 4)

Struenseegade 7, 2200 Køb N, Tel. 35 35 46 48, www.sleepinheaven.com
Bus 250 S, 12, 69 und Nachtbus N92. Blaue Parkzone (s. S. 24).
Ganzjährig, ab 130 DKK/Bett im Mehrbettzimmer, auch »Suiten«.
Günstig gelegen zum Leben – Nørrebros Szenekneipen – wie zum Tode – Assistens Kirkegård (s. Tour 1, S. 109). Keine Kochmöglichkeit.

DanHostel

DanHostel-Herbergen kennen keine Altersgrenzen, Sperrstunden oder Schlafsäle, aber Doppel- und Familienzimmer, gut ausgestattete Selbstversorgerküchen und üppige Frühstücksbüfetts (50–60 DKK). Ohne YHA-Jugendherbergsausweis gibt es zu den genannten Preisen Zuschläge. Die Nacht im Mehrbettzimmer kostet ca. 125–175 DKK. Info: www.danhostel.dk.

... Copenhagen City (G 7)

H. C. Andersens Boulevard 50, 1553 Køb V, Tel. 33 18 83 32, Fax 33 11 85 88. Grüne Parkzone! (s. S. 24). www.danhostel.dk/copenhagencity
400 m von Tivoli und Rathausplatz, 2–6-Bett-Zimmer (520–990 DKK, alle mit Dusche/WC).
Mit 1020 Betten in knapp 200 Zimmern auf 15 Stockwerken setzt die 2005 eröffnete Design Herberge über Europa hinaus Standards bei Komfort, Ausstattung und Aussicht. Das Frühstück ist besser als in vielen Hotels.

... Copenhagen Downtown (F 6)

Vandkunsten 5, 1467 Køb K, Tel. 70 23 21 10, www.copenhagen-downtown.dk, Rote Parkzone (s. S. 24)
2–4-Bett-Zi., viele mit Bad/WC (ca. 500–650 DKK).
Im April 2008 eröffnete Herberge mitten im Zentrum am quietsch-lebendigen Platz Vandkunsten mit vielen Scene-Lokalen im Umfeld, Backpacker-Café und ›Spillested‹ für kleine Konzerte im Haus.

... København Amager

(südl. G 8 u. Nebenkarte)
Vejlandsallé 200, 2300 Køb S, Tel. 32 52 29 08, Fax 32 52 27 08, www.copenhagenyouthhostel.dk
Bus 30 ab Hauptbahnhof oder Flughafen
2–5-Bett-Zi (380–700 DKK, über ein Drittel der Zimmer mit eigenem Bad).
Ein etwas hellhöriger 155-Zimmer-Komplex, außerhalb, aber verkehrsgünstig zur Autobahn gelegen. Offene Atmosphäre mit internationalem Publikum.

... Ishøj Strand

(15 km südl.; Nebenkarte)
Ishøj Strandvej 13, 2635 Ishøj
Tel. 43 53 50 15, Fax 43 53 50 45, www.ishojhostel.dk
S-Bahn-Station Ishøj 800 m, ab dort Bus 128, Nachtbus 97 N.
2–6-Bett-Zimmer (495–795 DKK. alle mit Du/WC), auch Campingareal!

Preisniveau

Alle Preise, soweit nicht anders angegeben, pro Doppelzimmer (DZ) mit Frühstück. Einzelzimmer (EZ) sind nur wenig günstiger.

Low Budget (Bett im Mehrbettzimmer)	bis 200 DKK (27 €)
Günstig	bis 800 DKK (108 €)
Mittel	bis 1500 DKK (200 €)
Gehoben	bis 2000 DKK (270 €)
Luxus	ab 2000 DKK (270 €)

Bed & Breakfast

Privatzimmer kosten als EZ ca. 300–500 DKK, als DZ ca. 350–650 DKK, als Dreibettzimmer ca. 450–750 DKK. Die Zimmervermittlung von Copenhagen Right Now (s. S. 20) hat gut 140 Zimmer in der Kartei, weitere das i-Büro von Lyngby (s. S. 20). Sonst: Dansk Bed & Breakfast, Sankt Peders Stræde 41, 1453 Køb K, Tel. 39 61 04 05, Fax 39 61 05 25, www.bbdk.dk mit ca. 110 Häusern und Net Bed & Breakfast mit ca. 45 Häusern (nur Onlinebuchung): www.net-bb.dk

40-Zimmer Komfort-Herberge mit lizenziertem Restaurant NOAH nahe Kunstmuseum Arken (s. S. 93).

... Lyngby-Tårbæk Vandrerhjem
(14 km nördl.; Nebenkarte)
Rådvad 1, 2800 Lyngby
Tel. 45 80 30 74, Fax 45 80 30 32
www.lyngbyhostel.dk
Bus 182/183 S-Bahn Lyngby Station.
Geöffnet April bis Okt.
2–6-Bett-Zimmer (390–700 DKK; alle ohne Bad/WC).
Rustikale 22-Zimmer-Herberge in grüner Idylle am Nordrand des Jægersborg Dyrehaven (s. S. 99).

Belægningen
(8 km südl.; Nebenkarte)
Avedørelejren, Vester Kvartergade 22, 2650 Hvidovre
Tel. 36 77 90 84, Fax 36 77 95 87, www.belaegningen.dk
S-Bahn-Station Avedøre 1 km und Bus 133 oder Bus 1A, 65E ab Zentrum
1–7-Bett-Zimmer (260–960 DKK, die meisten mit Bad/WC); Rabatt auf VIP Backpacker Card. Mehr s. Kasten S. 31.

Günstige Hotels

9 Små Hjem (G 2)
Classensgade 38–42, 2100 Køb Ø
Tel. 35 26 16 47, Fax 35 43 17 84, www.9smaahjem.dk
Bus 40 vors Haus, 1A, 14 in der Nähe
EZ 530, DZ 680 DKK/Tag inkl. Frühstück, Apartments 3220–4935 DKK pro Woche ohne Frühstück
Kopenhagens günstigste Langzeitunterkunft. Die 1- bis 3-Zimmer-Apartments (für 1–6 Personen) mit Küche und Bad erinnern eher an Studentenbuden als an Hotelzimmer.

Hotel Cab Inn ...
Alle inkl. Buchung: www.cabinn.com
Je nach Komfortklasse EZ 545–745, DZ 665–865, 3-Bett-Zimmer 785, Frühstück 50 DKK.
Funktionalität steht über allem bei den Discounthotels der Cab Inn Kette mit ihrem minimalisierten Service Konzept. Die modernen Zimmer erinnern an Schiffskabinen und sind mit bis zu vier Personen zu belegen, in Standardzimmern gibt es Etagenbetten.

... City (F 7)
Mitchellsgade 14, 1568 Køb V
Tel. 33 46 16 16, Fax 33 46 17 17, city@cabinn.dk
Das derzeit jüngste Haus der Kette in Kopenhagen mit knapp 400 Zimmern liegt gleich neben Tivoli nur wenige Schritte vom Bahnhof entfernt.

... Copenhagen Express (D 5)
Danasvej 32, 1910 Frederiksberg
Tel. 33 21 04 00, Fax 33 21 74 09, express@cabinn.dk
Das kleinste Cab Inn liegt zwar schon in Frederiksberg, aber noch in guter Gehentfernung zur Innenstadt (nur im Sommer geöffnet).

... Inn Scandinavia (D 5)
Vodroffsvej 57, 1900 Frederiksberg
Tel. 35 36 11 11, Fax 35 36 11 14,
scandinavia@cabinn.dk
Ebenfalls in Frederiksberg, aber kaum mehr als 1000 m von Rathausplatz und Tivoli in sehr ruhiger Nebenstraße.

Hotel Euroglobe (D 5)
Niels Ebbesensvej 20,
1911 Frederiksberg
Tel. 33 79 79 54, www.euroglobe.dk
EZ 450, DZ 550 DKK, auch 3- und 4-Bett-Zimmer; Sonderpreise bei längerem Aufenthalt und Okt.–April
Einfaches, älteres Travellerhotel. Hier kann man Schlafen und ordentlich Frühstücken, aber kaum mehr.

Hotellet (D 7)
Oehlenschlægersgade 17, 1663 Køb V
Tel. 33 25 77 48
hotellet@projekt-menneske.dk
EZ 325, DZ 495 DKK
Selbsthilfeprojekt ehemaliger Drogenabhängiger. Die Zimmer in dem renovierten Altbau sind einfach (Bad/WC auf dem Gang) aber clean, die Gemeinschaftsräume sehr gemütlich.

City Hotel Nebo (E 6)
Istedgade 6, 1650 Køb V
Tel. 33 21 12 17, Fax 33 23 47 74,
www.nebo.dk
EZ 420–800, DZ 650–1050, Familienzimmer mit 3–5 Betten 750–1300 DKK
Das nach christlichen Grundsätzen geführte Missionshotel mit Alkohol-Bann liegt gleich hinter dem Hauptbahnhof und hat einige Parkplätze im Hof. Alle preiswerten Zimmer haben Bad/WC auf dem Gang.

Saga Hotel (E 7)
Colbjørnsensgade 18, 1652 Køb V
Tel. 33 24 49 44, Fax 33 24 60 33,
www.sagahotel.dk
EZ 380–795, DZ 480–950, Familienzimmer 570–1250 DKK
Als das Saga begann, war die Gegend noch sehr verrufen, aber jetzt ist nur noch wenig Rotlicht da und das Viertel wird immer trendyer. Die günstigen Zimmer haben Bad/WC auf dem Gang.

Selandia Hotel (E 6)
Helgolandsgade 12, 1653 Køb V
Tel. 33 31 46 10, Fax 33 31 46 09,
www.hotel-selandia.dk
EZ 475–1075, DZ 595–1295 DKK
2-Sterne-Touristenhotel an der Ecke zur lebendigen Istedgade. Die günstigsten Zimmer haben Bad/WC auf dem Gang.

Hotel Windsor (F 4)
Frederiksborggade 30, 1360 Køb K
Tel. 33 11 08 30, Fax 33 11 63 87,

Schlafen mit Dogma

Belægningen (s. S. 30) liegt abseits der City, ist jedoch unter den Low-Budget-Unterkünften oberer Standard und für Cineasten ein Muss: Die Herberge gehört zur selben Ex-Kaserne wie Filmbyen, Dänemarks Filmstadt. Wichtigste Produktionsgesellschaft ist hier Zentropa, Hort der Dogma-Bewegung, mit deren puristischer Filmsprache das junge dänische Kino seit den 1990er-Jahren immer wieder international bejubelte Erfolge feiert. Dogma-Vordenker Lars von Trier, einer der namhaftesten, aber auch exzentrischsten europäischen Regisseure (u. a.: Braking the Waves, Idioten, Dogville) arbeitet regelmäßig in Filmbyen: www.filmbyen.com.

www.hotelwindsor.dk
EZ 475–550, DZ 575–625 DKK
Das 1-Stern-Hotel hat gerade einmal 40 Betten, in denen es nur schwule und lesbische Gäste schlafen lässt. Verkehrstechnisch günstig zwischen City und dem munteren Nørrebro gelegen, nicht weit von der S-Bahn- und Metro-Station Nørreport.

Mittelklasse

Hotel Astoria (E 6)

Banegaardspladsen 4, 1570 Køb V
Tel. 33 42 99 00, Fax 33 42 99 99
www.dgi-byen.com/astoria

In einer anderen Welt

Das Skovshoved Hotel mit 22 sehr individuell eingerichteten Zimmern und Suiten strahlt die Atmosphäre eines mondänen Badehotels des 19. Jh. aus. Skovshoved im Speckgürtel nördlich der City wird zwar von besser Verdienenden geprägt, hat aber noch viel dörfliche Atmosphäre bewahrt, und sogar im Skovshoved Hotel gibt es neben dem vom Guide Michelin 2007 als empfehlenswert geführten Gourmetlokal auch eine rustikale, bodenständige ›Krostue‹. Die Zimmer mit Blick auf den Øresund sind zwar teurer, aber wenn man sich hier einquartiert, sollte man sich auch das gönnen. Strandvejen 267, 2920 Charlottenlund (Nebenkarte), Tel. 39 64 00 28, Fax 39 64 06 72, www.skovshovedhotel.dk, EZ 1300–1500, DZ 1500–1700, Suiten bis 2950 DKK, Frühstück extra 125 DKK/Pers.; Bus 14, S-Bahn Station Ordrup 1 km.

EZ 1295, DZ 1495 DKK, im Internet an ausgewählten Tagen bis 50% günstiger. In den 1930ern direkt am Hauptbahnhof auf minimalster Grundfläche gebaut und 2007 respektvoll vor der Architektur des Funktionalismus renoviert – ein Design-Klassiker. Inkl. kostenloser Nutzung des Vandkulturhuset (s. DGI-byens Hotel).

Best Western Hotel City (H 5)

Peder Skramsgade 24, 1054 Køb K
Tel. 33 13 06 66, Fax 33 13 06 67,
www.hotelcity.dk
EZ 1050–1250, DZ 1350–1550 DKK
Überschaubares 81-Zimmer-Hotel, zentral zu Nyhavn und Kongens Nytorv.

Hotel Centrum (E 7)

Helgolandsgade 14, 1653 Køb. V
Tel. 33 31 31 11 Fax 33 23 32 51
http://www.dgi-byen.dk/hotel_centrum, EZ/DZ 1095–1395 DKK, günstige Internetangebote
Im Viertel hinter dem Bahnhof ist das freundlich renovierte 77-Zimmer-Hotel eine charmante Perle, zumal sich die einst anrüchige Umgebung zum hippen Szenequartier wandelt. Da das Centrum zur DGI-Gruppe gehört, dürfen seine Gäste das Vandkulturhuset am nahen DGI-Hotel (s. nächste Seite) kostenlos nutzen, gegen Gebühr auch die dortigen Parkplätze.

Copenhagen Crown (E 6)

Vesterbrogade 41, 1620 Køb V
Tel. 33 21 21 66, Fax 33 21 00 66,
www.profilhotels.dk
EZ/DZ 950–1375 DKK
Alle Zimmer gehen zu einem stillen Hinterhof und sind trotz der zentralen Lage sehr ruhig, zudem groß und geschmackvoll eingerichtet. Für den Start in den Tag sorgt ein reichhaltiges Frühstücksbüfett im hellen Dachgeschoss.

Hotel Fox (F 5)

Jarmers Plads 3, 1551 Køb V.
Tel. 33 95 77 55, www.hotelfox.dk
EZ/DZ je nach Datum und Größe small, medium, large, X-Large 690–1990 DKK plus Frühstück 125 DKK/Pers.
Das abgedrehteste Hotel der Stadt, alle Zimmer sind von Künstlern gestaltet. Damit man ein Traum-, kein Albtraumzimmer bekommt, sollte man sie sich unbedingt vorher im Web ansehen. Die Lounge-Bar im Haus ist an Wochenenden äußerst populär.

Ibsens Hotel (E 4)

Vendersgade 23, 1363 Køb K
Tel. 33 13 19 13, Fax 33 13 19 16, www.ibsenshotel.dk
EZ 800–1240, DZ 930–1440 DKK.
Gut die ruhige Lage zwischen Zentrum und den Seen; im Umfeld einige nette Restaurants und Cafés sowie spannende Shops; nur wenige Minuten zu Fuß vom lebendigen Nørrebro (s. Tour 1, S.108) entfernt.

Savoy Hotel (E 6)

Vesterbrogade 34, 1620 Køb V
Tel. 33 26 75 00, Fax 33 26 75 01, www.savoyhotel.dk
EZ ab 695 DKK, DZ ab 795 DKK; sehr flexibel, viele Onlineangebote.
Zuerst fällt einem die Fassade des Savoy ins Auge, ein architektonisches Kleinod des Jugendstil. Kopenhagens Star-Architekt des frühen 20. Jh., Anton Rosen, hat hier nach dem Vorbild der Chicagoer Schule eine so genannte Courtain-Wall konstruiert, eine nichttragende Stahlskelettfassade mit Bronzeverkleidung. Die Zimmer weiter hinten liegen alle zu einem ruhigen Innenhof. So bleibt der Lärm der lebendigen Vesterbrogade weit weg – man kann hier mitten in der Stadt bei offenem Fenster schlafen.

Gehobener Komfort

Copenhagen Admiral Hotel (H 5)

Toldbodgade 24–28, 1253 Køb K
Tel. 33 74 14 14, Fax 33 74 14 16, www.admiralhotel.dk
EZ 1315–1400, DZ 1660–1715 DKK, Frühstück 120 DKK extra; oft Angebote, z. B. Wochenendpakte; auch Suiten.
Das 366-Zimmer-Hotel in einem Hafenspeicher aus dem späten 18. Jh. ist eine Sehenswürdigkeit für sich, darin zu wohnen ein Erlebnis: Überall stößt man auf die mächtige Balkenkonstruktion, und aus den großzügigen Zimmern bietet sich entweder der Blick auf den Hafen, die Oper und das neue Schauspielhaus oder auf Schloss Amalienborg. Das Admiral bietet Pakete wie Übernachtung plus Opern/ Theatertickets inkl. Bootstransfer zum Opernhaus am gegenüberliegenden Hafenufer; abgestimmt dazu spezielle Menüs vor und nach der Vorstellung im hoteleigenen Restaurant Salt (s. S. 49).

DGI-byens Hotel (E 7)

Tietgensgade 65, 1704 Køb V
Tel. 33 29 80 50, Fax 33 29 80 59, www.dgi-byen.com/hotel
EZ 995–1395, DZ 795–1595 DKK.
DGI steht für Dänemarks Sportbund, der das Aktivhotel im sanierten Viertel um das Kultur- und Ausstellungszentrum Øksnehallen betreibt. Es teilt sich das Dach mit dem Sport- und Spaßbad Vandkulturhuset (für Hotelgäste gratis). Viele der in skandinavisch nüchterner Eleganz gehaltenen Zimmer mit ihren hellen Holzböden haben Balkone, wenn nur die Umgebung noch etwas romantischer wäre ...

First Hotel Vesterbro (E 6)

Vesterbrogade 23–29, 1620 Køb V
Tel. 33 78 80 00, Fax 33 78 80 80,

Wohnen in einem Klassiker des modernen Design: ›Room 606‹, das Original wie Arne Jacobsen es schuf, im Radisson SAS Royal Hotel

www.firsthotels.dk
EZ 995–1895, DZ 1195–2095 DKK.
Das moderne 4-Sterne-Business-Hotel liegt nahe dem Tivoli an der lebendigen Vesterbrogade. Von den 403 Zimmern sind weit über die Hälfte für Nichtraucher vorgesehen, andere – die First-Lady-Zimmer – sind speziell für Frauen eingerichtet.

Scandic Hotel …

Zu Dänemarks bekanntesten Business-Hotels gehören Scandic Hotels (www.scandic-hotels.com) mit sechs Häusern in und um Kopenhagen, u. a.

… Sydhavnen (südl. E 8)
Sydhavns Plads 15, 2450 Køb SV
Tel. 88 33 36 66, Fax 88 33 36 67
sydhavnen@scandic-hotels.com
EZ 590–1780, DZ 790–1980 DKK
Eines von mehreren Hotels, die in jüngerer Zeit mit guter Anbindung an Flughafen, Autobahn von Süden, Kongresscenter und ein Business-Viertel entstanden.

Luxus

Hotel d'Angleterre (G 5)

Kongens Nytorv 34, 1050 Køb K
Tel. 33 12 00 95, Fax 33 12 11 18,
www.dangleterre.dk
EZ 2680–3920, DZ 3060–4300, Suiten bis 21100 DKK, Frühstück 175 DKK/Pers. extra.
»Die Wohnung hier ist sehr hübsch, aber es fehlen alle aparten Züge«, schreibt Theodor Fontane nach einem Aufenthalt im d'Angleterre 1864. Fast 30 Jahre später lässt er seine Effi Briest hier zusammen mit Innstetten Quartier nehmen. Im Jahr 2000 wählten Leser eines US-Business-Magazins das traditionsreichste 5-Sterne-Hotel des Landes zum besten Hotel Nordeuropas.

Copenhagen Marriott Hotel (F 7)

Kalvebod Brygge 5, 1560 Køb V
Tel. 88 33 99 00, Fax 88 33 99 99,
www.marriott.com/cphdk

EZ/DZ ca. 1600–2900 DKK, Suiten bis 22 000 DKK. Wochenendangebote ab ca. 1100 DKK. Frühstück nicht in allen Tarifen inklusive.
Im Jahr 2001 eröffnetes 395-Zimmer-Haus am Wasser nicht weit vom Tivoli. Wenn Sie viel Platz brauchen, wählen Sie die Royal Suite mit 160 m².

First Hotel Skt. Petri (F 5)

Krystalgade 22, 1172 Køb K
Tel. 33 45 91 00, Fax 33 45 91 10,
www.hotelsktpetri.com
EZ/DZ 1295/1495–7995, Preis für die Suiten mit den großen Dachterrassen nur auf Anfrage (bis ca. 20 000 DKK).
Dezenter skandinavischer Luxus mit fast 300 Designerzimmern und -suiten in einem Ex-Kaufhaus und Baudenkmal des Funktionalismus der 1920er-Jahre. Sehr zentral. An Wochenenden ist die Lounge-Bar Bar Rouge ein Treff der Schönen und Reichen der Stadt – ein exklusiver Nightlife-Spot.

Highlight 1

Radisson SAS Royal Hotel (E 6)

Hammerichsgade 1, 1611 Køb V
Tel. 33 42 60 00, Fax 33 42 61 00,
http://sas.radisson.com/copenhagendk_royal
EZ/DZ ca. 995–2500 DKK, Royal-Club und Suiten ca. 1900–3400 DKK. Frühstück nicht in allen Tarifen inkl. Flexible Preisgestaltung mit Online-, Wochenend- und Sommerangeboten.
Als das 5-Sterne-Hotel 1960 seine Tore öffnete, gab es den Begriff ›Designer Hotel‹ noch nicht, heute darf man es wohl das erste der Welt nennen. Arne Jacobsen (1902–71) entwarf nicht nur das 20-stöckige Hochhaus, das als ein Hauptwerk des Modernismus längst unter Denkmalschutz steht, sondern schuf die gesamte Einrichtung vom Besteck bis zu den Möbeln, die trotz aller zwischenzeitlichen Renovierungen immer noch Foyer, Restaurants und Zimmer prägen. Und dann gibt es noch ›Room 606‹, das Original. Bis auf den Farbfernseher ist der Raum, wie Jacobsen ihn schuf – wer bekanntes Design schätzt, muss hier wohnen! Das Restaurant Alberto K. (s. S. 49) im 20. Stock mit grandioser Aussicht und Küche ist morgens Gästen aus den oberen Etagen (Royal Club) und aus den Suiten vorbehalten, die anderen frühstücken im Erdgeschoss.

Camping

Sieben Plätze liegen in annehmbarer Entfernung zum Zentrum. Erwachsene zahlen 70–90, Kinder 30–45 DKK pro Nacht. Weitere Gebühren können für Zelt/Camper und Stromanschluss anfallen. Einige Plätze bieten Hütten (ca. 350–750 DKK/Tag für 4–8 Pers.).

Camping Charlottenlund Fort

(6 km nördl., Nebenkarte)
Strandvejen 144, 2920 Charlottenlund
Tel. 39 62 36 88, Fax 39 61 08 16,
www.campingcopenhagen.dk
Mitte Mai–Mitte Sept.
Bus 14, Nachtbus 85N
Kopenhagens schönster Campingplatz, geschützt zwischen den Wällen und Gräben eines alten Forts am Øresund, mit Sandstrand vor der Tür und Danmarks Akvarium (s. S. 95) in Gehnähe.

City Camp (direkt südl. E 8)

Tømmergravsgade 2, 2450 Køb SV
Tel. 21 42 53 84, www.citycamp.dk
Mitte Mai–Ende Aug.
So nah an der City wie kein anderer Platz, jedoch im Stil eines Notaufnahmelagers; nur Camper, keine Zelte!

Essen & Trinken

Sehr dänisch: Die små haver an der Pile Allé in Frederiksberg

Smørrebrød zum Frokost

Dänemarks Beitrag zur Küche der Welt ist das *smørrebrød,* das Butterbrot. Das klingt profan, kitzelt aber den Gaumen: Auf eine Scheibe Brot kommt ein kulinarischer Aufbau, perfekt in Szene gesetzt. Nichts hindert einen, eine zweite Lage aufzuschichten und ein Gürkchen, etwas Remoulade oder einen Streifen jener Art Aspik, die man *sky* (sprich ›skü‹) nennt, auf der Spitze zu platzieren. Leberpastete mit gebratenem Speck wäre eine einfache Variante, Roastbeef mit Röstzwiebeln und geriebenem frischem Meerrettich Mittelklasse, ›Dyrlægens Natmad‹, das Nachtmahl des Tierarztes, ein Klassiker (s. S. 39) und ›180 Krabben in Pyramidenbelegung‹ eine Luxuskreation. Das Brot, das den Namen gibt, hält die Auflagen nur bis zum ersten Gabelstich zusammen.

Smørrebrød werden üblicherweise zum *frokost* gegessen, wie das leichte Mittagessen in Dänemark genannt wird. Man kann sie in speziellen Läden kaufen, in Pappschachteln verpackt, die feinsten Kreationen werden jedoch in Frokost-Restaurants serviert (s. S. 42). Die haben in der Regel nur werktags zum Mittag geöffnet – Geschäftsleute sind Hauptkunden. Für die Order bekommt der Gast einen *smørrebrødseddel* zum Ankreuzen; der Weltrekord liegt bei 1,40 Metern mit 178 Varianten. Für den kleinen Hunger genügt ein Exemplar, meist werden drei bestellt – das Kalorienpotenzial einer Hauptmahlzeit. Traditionelle Alternativen zum Frokost sind *kolde og lune retter,* kalte und lauwarme Speisen mit Fleisch oder Fisch, gelegentlich auch *rejer,* Krabben, oder *jomfruhummer,* Kaisergarnelen. Ein rustikaler Querschnitt steht als *Frokost anretning* in den Karten.

Trends in den Töpfen

Sternegucker des Guide Michelin bewerten inzwischen nicht nur Lokale im Zentrum Kopenhagens sondern auch in der kulinarisch ebenso attraktiven Peripherie: 2008 sind elf mit Sternen ausgezeichnet, eines davon, das NOMA (s. S. 48) mit zwei. Die moderne Gourmetküche kam über Frankreich ins Land: *Dansk-fransk køkken,* dänisch-französische Küche, steht synonym für edles Kochen, das die hervorragenden dänischen Rohwaren mit französischem Know-how veredelt. Inzwischen bereichern auch italienische Einflüsse die Spitzengastronomie, die japanische Sushi-Küche hat Freunde gefunden, oder man schaut über alle Tellerränder: *Fusionskøkken* bringt zusammen, was nicht zusammengehört, gern Elemente aus den verschiedensten Regionen der Welt. Aktuell wehen Nordlichter über den Gastrohimmel, macht doch die junge skandinavische Küche international immer häufiger Furore. Fisch und Schalentiere aus dänischen oder nordatlantischen Gewässern, Lämmer von den Salzwiesen Jütlands oder aus dem isländischen Hochland, Elch und Ren vom schwedischen Nachbarn oder für Freunde des Exotischen Moschusochse aus Grönland warten auf gastronomische Entdecker.

Ganz oben, ganz unten

Kleinere Lokale bauen ihre Speisekarte oft auf wechselnde Menüs nach Marktlage auf, aus denen man sich zu einem Festpreis zwei, drei oder mehr Gänge aussucht. Bei etwa 350 DKK für ein 3-Gänge-Menue hat man die obere Preisklasse erreicht, kommen ausgesuchte Weine hinzu, ist in der Spitzengastronomie die 1000-DKK-Grenze schnell überschritten. Aber auch am unteren Ende der Sättigungsleiter locken 3-Gänge-Menüs sowie Billig-Büfetts mittags ab ca. 40, abends ab ca. 70 DKK vor allem in Restaurants unter griechischer oder türkischer Flagge (s. S. 50) – Kulinarisches sollte man dafür nicht erwarten. Das große skandinavische Büfett, in den fresssüchtigen 1960ern und 70ern legendär, durfte man sich doch den Bauch füllen bis zum Geht-nicht-mehr, findet man kaum noch, am ehesten mittags zum Frokost wie im Pilegården (s. S. 42).

Guten Abend, willkommen zum ›middag‹

Ihr Tag in Kopenhagen sollte mit einem *morgenmad,* einem Morgenmahl, nicht mit einem *frokost,* Frühstück, anfangen, denn dann hätten Sie den halben Tag verschlafen: Frokost essen Dänen mittags. Auch das *middag,* Mittagessen im Sinne von Dinner, rutscht in der Regel um einen halben Tag nach hinten und wird ab 18 Uhr serviert. ›*Aftensmad*‹ bezeichnet indes das alltägliche Abendessen im Kreis der Familie. Und noch etwas: Wenn Sie ein Plunderteilchen wollen, das sie daheim als Kopenhagener bestellen, müssen sie in Kopenhagen nach einem *wienerbrød,* Wienerbrot, fragen.

Was sind schon Namen

Der Verwirrungen nicht genug: Lösen Sie sich in Kopenhagen von der Vorstellung, ein Café wäre nur für Kaffee und Kuchen da, ein Club zum Tanzen und ein Restaurant zum Essen. Die Grenzen sind fließend. Viele Cafés sind französisch inspirierte Bistro Bars mit guter Küche, gelegentlich auch Frokost-Restaurants traditionellen Stils. Dann wieder gibt es Gourmet-Restaurants, in denen am späten Freitag- und Samstagabend DJs für guten Sound sorgen oder Clubs, in denen kaum der letzte Takt nächtlicher Tanzmusik verklungen ist, da wird in der Küche schon das Brunch für den nächsten Vormittag bereitet. Deshalb finden Sie weitere Tipps, wo Sie gut essen können, in diesem Buch unter Ausgehen ab S. 60 sowie unter Vergnügungsparks ab S. 64, denn wer dort nur Pommes-Buden und Familienrestaurants erwartet, kennt Tivoli und sein volkstümliches Pendant Bakken nicht.

Preisniveau

Hauptgerichte (HG) bzw. 3-Gänge-Menü (M) ohne Getränke
Günstig: HG unter 150 DKK (20 €), M unter 200 DKK (27 €)
Moderat: HG bis 250 DKK (33 €), M bis 350 DKK (48 €)
Teuer: HG ab 251 DKK (33 €), M ab 351 DKK (48 €)

Kulinarisches Lexikon

Allgemeines/Zubereitungen

ad libitum ›nach Belieben‹: es wird nachgelegt oder nachgeschenkt
husets (vin) Haus-(wein)
kæmpe signalisiert große Portionen/ Varianten, z. B. *kæmpe burger* Riesenhamburger, *kæmpe muslinger* große Muscheln
retter Gerichte; *kolde* kalte, *lune* lauwarm; gern zum Frokost, *varme* heiße, *vegetar* vegetarische
torve-/fra torvet Frisch vom Markt
bagt gebacken
dampet gedämpft
frisk frisch
fyldt gefüllt
gammeldags traditionell(e)
gennem durch
hvidvinsdampet in Weißwein gedämpft/gekocht
rå roh
røget geräuchert
smørstegt in Butter gebraten
stegt gebraten

Frühstück (Morgenmad)

flute Baguette
franskbrød Weißbrot
ost Käse
rullepølse ›Presswurst‹: Wurstaufschnitt aus gerolltem und dann gepresstem Bauchspeck
rundstykke Brötchen (oft mit Mohn)
skinke Schinken
smør Butter
spanske Brötchen (ohne Mohn)
spegepølse ›Pökelwurst‹: fettige Dauerwurst, oft erschreckend rot, eigentlich nur als Handwerksware vom Schlachter erträglich
tebirkes Blätterteiggebäck mit Mohn, wird zum Frühstück wie ein süßes Brötchen gereicht und entweder nur mit Butter oder mit etwas Marmelade gegessen

Mittagskarte (Frokost)

fiskefrikadeller Fischfrikadellen
håndmadder Schnittchen (meist drei; gern auch auf den Karten von Bars und Kneipen mit später Küche)
jomfruhummer Königsgarnelen (deutlich kleiner als Hummer)
landgangsbrød gut belegtes halbes Baguette
rejer Krabben, *pil selv* zum selber Pulen, *pillede* gepulte)
sild Hering
carry - in einer dicken Curry-Sauce
krydder - in rote, sehr intensive Kräuter-Salzlake eingelegt
marinerede - süß-sauer mariniert
stegt - in Roggenmehl paniert und dann in Butter gebraten
sildeanretning Heringsplatte
Christiansø Sild die Delikatesse unter den Salzheringen: in spezieller Kräuterlake eingelegt. Darf nur von der Insel Christiansø bei Bornholm stammen
frokostplatte/-anretning Lunchplatte: mehrere deftige Speisen, oft mit Schweinefilet, warmer Leberpastete, einem Fischfilet und gern Krabben
hjemmelavet leverpostej m/ristet bacon Hausgemachte Leberpastete mit gebratenem Frühstüchsspeck (ist auch als Smørrebrød populär)
pariserbøf med rå æggeblomme, kapers, løg og peberrod kleines Hacksteak (rosa), auf geröstetem Weißbrot mit frischem Eigelb, Kapern, Zwiebeln, Meerrettich
røget ål med røræg geräucherter Aal mit Rührei
sol over Gudhjem ›Sonne über Gudhjem‹: geräucherter Hering mit Zwiebelringen und rohem Eigelb
tartar med rå æggeblomme rohes Rinderhack mit rohem Eigelb

Smørrebrød (›Butterbrot‹)

dyrlægens natmad Auf Graubrot mit Butter kommt eine Scheibe dänische Leberpastete, mit Äpfeln, Zwiebeln und Thymian zubereitetes Schweineschmalz, eine Scheibe ›sky‹, Gewürzaspik, einige hauchdünne Scheiben Salzfleisch (gepökelter Rinderaufschnitt), Zwiebelringe und etwas frischer Dill.

lun fiskefilet med remoulade warmes Fischfilet mit Remoulade

mørbradbøf med bløde løg Schweinefiletscheiben mit gedünsteten Zwiebeln

roastbeef med løg, remoulade og peberød Roastbeef mit Zwiebeln, Remoulade und geriebenem frischem Meerrettich

uspecificerede smørrebrød Schnittchen nach Wahl des Kochs (meist drei; ergibt ein komplettes Lunch)

Abendkarte (Aftenskort)

Forretter (Vorspeisen)

(Blå-)muslinger (Mies-)Muscheln

supper Suppen

rejecocktail Krabbencocktail

Hovedretter (Hauptgerichte)

biksemad m/spejlæg og surt Traditionell ein Restessen aus der Pfanne mit Fleisch und Kartoffeln, einem Spiegelei oben drauf und sauren Beilagen (Gurken, Rote Beete)

dansk bøf m/ bløde løg Hacksteak mit geschmorten Zwiebeln

stegt flæsk m/ persillesavs og hvide kartofler Schweinebraten mit gekochten Kartoffeln und Petersiliensoße serviert – sehr traditionell

flæskesteg med sprød svær Schweinebraten mit krosser Schwarte

Kød(retter) (Fleischgerichte)

engelsk bøf Rumpsteak

entrecôte marmoriertes Rindersteak

fransk bøf kurzgebratenes Rindersteak vom Filet

hakkebøf Hacksteak (vom Rind), in der Regel gegrillt

hamburgerryg Kassler

mørbrad Schweinemedaillons

Fisk(eretter) (Fischgerichte)

havkat Seewolf

helleflynder Heilbutt

hellefisk Schwarzer Heilbutt

fjordlaks Fjordlachs (Zucht)

østersølaks Ostseelachs (Wildfang)

pighvar Steinbutt

rødspætte Scholle

torsk Dorsch

børneretter (Kindergerichte)

fiskefilet Fischfilet (das Original zu unseren Fischstäbchen)

frikadeller Frikadellen

pølser Würstchen (Pl.)

m/ remoulade og pommes frites mit Remoulade und Pommes

vanilleis m/ syltetøj Vanilleeis mit Erdbeersauce

Desserter (Desserts)

røde grøde med fløde Rote Grütze mit Sahne

æblekage m/ flødeskum ›Apfelkuchen‹, eher Apfelkompott mit krokantähnlicher Schicht und Sahne

Oste(tallerken) (Käseteller)

danbo der dänische Schnittkäse

gammel ost alter, gereifter Käse

gårdoste Bauernkäse aus privater Herstellung

Kaffee und Kuchen

fløde Sahne z. B. für den Kaffee

flødeskum Schlagsahne; wird selten zu Kuchen verwendet; Fruchttorten werden oft mit einer leichten Crème fraîche serviert.

lagkage Schichttorte

(små)kager Gebäck

tærte Fruchttorte

Bistros & Cafés

Cafe Sommersko (G 5)

Kronprinsensgade 6, 1306 Køb K
Tel. 33 14 81 89, www.sommersko.dk
Mo–Mi 8–24, Do 8–1, Fr 8–2, Sa 9–2, So 10–24, Küche tgl –22 Uhr
Die roten Ledersofas im Caféraum haben alle Umbauten überstanden, seit das Sommersko in den 1970er-Jahren Trendsetter für den französisch inspirierten Bistro-Stil war. Neben Frühstück (45 DKK) und Brunch (ca. 95–120 DKK) gibt's Kuchen, Cookies und Sandwiches für zwischendurch sowie abends eine innovativ-exotische Küche zu toleranten Preisen; HG 120–190 DKK.

Dag H (G 2)

Dag Hammerskjölds Allé 36–38, 2100 Køb Ø, Tel. 35 27 63 00, www.dagh.dk,
Mo–Mi 8–23, Do, Fr –24, Sa 10–24, So–22 Uhr.
Aufgestyltes Café-Restaurant, das vom Brunch (tgl. 10–14 Uhr, 123 DKK), über kleine Gerichte (um 100 DKK) bis zum soliden Abendessen (HG ca. 170 DKK) die Gäste versorgt. Das große Straßencafé bietet die schönsten Sonnenuntergänge der Stadt, leider aber auch den Verkehr des viel befahrenen Platzes Lille Triangel.

Kafferiet (H 4)

Esplanaden 44, 1263 Køb K
Mo–Fr 7.30–18, Sa, So 10–18 Uhr.
Wer zur Meerjungfrau oder zum Kastellet unterwegs ist, kann aus diesem Take-away Kaffee oder Cappuccino und ein Stück Kuchen mitnehmen. Drinnen nur neun Sitzplätze.

Konditori LaGlace (F 5)

Skoubogade 3–5, 1158 Køb K
Tel. 33 14 46 46, www.laglace.dk

Mit dem Cafe Sommersko kamen die Bistros nach Kopenhagen

Kopenhagens edelste Konditorei der traditionellen Art verwöhnt mit Klassikern des Kalorienterrors sowie eigener Konfekt- und Plätzchenproduktion. Der Autor war von der literarisch inspirierten Karen-Blixen-Torte begeistert, eine Huldigung an die Schriftstellerin und Kaffeefarmerin: Über den Schokoladenboden schmiegt sich eine Schicht Mokkatrüffel und darüber eine luftige Kaffee-Käse-Creme (Stück 42 DKK).

Kruts Karport (F 3)

Øster Farimagsgade 12, 1353 Køb K
Tel. 35 26 86 38
www.kruts.dk (inkl. Whisk(e)y-Liste)
Mo–Do 12–24, Fr, Sa –2, So –19 Uhr
Seit Jahrzehnten eine Institution bei den ›locals‹ mit dem größten Cappuccino der Stadt, leckeren Sandwichs, etwa 115 verschiedene Whisk(e)y Sorten aus aller Welt – Sie wollten doch bestimmt schon einmal einen Suntory Old Whisky aus Japan probieren, oder? – und einem exklusiv gebrannten Absinth, der mit 68 % Alkohol durchschlagende Wirkung hat, aber bei den sonstigen Zusatzstoffen strengen dänischen Bestimmungen entspricht.

Museumscafés

Viele Kopenhagener Museen haben ausgezeichnete Cafés, die mittags Frokost-Gerichte anbieten. Die Öffnungszeiten entsprechen weitgehend denen der Museen, in denen sie zu finden sind; einige sind sogar ohne Museumseintritt zu erreichen.

Café Glyptotek in der Ny Carlsberg Glyptoteket (s. S.92; Eintritt notwendig außer Mi, So) lockt mit süßen Verführungen zwischen antiken Skulpturen. Konditorin Mette Blomsterberg hat schon alles gewonnen, was Konditoren an Meisterschaften gewinnen können. Zum Frokost Herzhaftes ab 90 DKK.

Cafe Hovedtelegrafen im Post & Tele Museum (s. S. 93; ohne Eintritt zugänglich) bietet gute Frokost-Küche (um 100 DKK), am ›langen‹ Mittwoch günstige Tagesgerichte und sonntags 12–15 Uhr ein populäres Brunch (ca. 140 DKK) – alles mit Top-Aussicht auf die City.

Café Republik im Statens Museum for Kunst (s. S. 93) ist ohne Museumseintritt zugänglich. Es breitet sich offen hinter der Glasfassade der Kunstgalerie aus mit Blick in die umliegenden Grünanlagen. HG zum Frokost um 90 DKK, auch gutes Frühstück bis 11.30 Uhr.

Jesper/Nikolai – Restaurant Nationalmuseet (F 6) im Nationalmuseum hat immer Kaffee und Kuchen im Angebot, das gute Frokost von 11.30 bis 15 Uhr (HG ca. 70–135 DKK) Reservieren sollte man das populäre Sonntags-Brunch (Büfett 185 DKK).

Louisiana Café im Louisiana (s. S. 94; nur mit Museumseintritt zugänglich) hat begehrte Plätze auf der Terrasse neben Calder-Skulpturen mit Blick auf den Øresund. Neben Frokost (60–90 DKK) und Kaffee und Kuchen gibt es Di–Fr bis 21.30 Uhr immer ein Tagesgericht für knapp 140 DKK.

Oscar Bar Café (F 6)

Rådhuspladsen 77, 1550 Køb K
Tel. 33 12 09 99, www.oscarbarcafe.dk
Tgl. 12–2, Küche tgl. –22 Uhr; Happy Hour mit günstigen Drinks tgl. 17–21 Uhr; Do–Sa ab 22 Uhr DJ, Brunch oder kleine Gerichte 50–100 DKK.
Freundliches Café unter den Lurenbläsern am Rande des Rathausplatzes, Treff und Infobörse der schwul-lesbischen Szene.

Paludan Bogcafe (F 5)

Fiolstræde 10–12, 1171 Køb K
Tel. 33 15 07 71, www.paludan-bog.dk
Mo–Fr 8–18, Sa 10–17 Uhr

Erst gab es in der Buchhandlung nur eine kleine Ecke, in der man Kaffee trinken konnte, inzwischen glaubt man sich in einem Café mit einem Buchladen als Deko. Neben Kaffee und Kuchen (um 30 DKK) gibt es auch Frühstück und verschiedene Sandwiches (ab ca. 50 DKK) – Bücher werden auch noch verkauft. Im Sommer Straßencafé.

The Royal Café (G 5)

Amagertorv 6, 1160 Køb K
Tel. 33 14 95 27
Mo–Fr 10–21, Sa 10–18,
So 10.30–17 Uhr
Feiste Kuchen und Torten aber auch herzhafte Häppchen, die die Kunst von Smørrebrød und Sushi zum Smushi fusionieren (Stück ca. 45 DKK). Dazu alles an Kaffeespezialitäten, was ein guter Barista zaubern kann, aber auch ein Gläschen Champagner findet sich. Das ganze in einem Mix aus Modernismus und Traditionen auf Königlich Kopenhagener Porzellan mit Georg-Jensen-Silber serviert – immerhin ist das Café Teil von Kopenhagens edelstem Porzellanladen, dem Flagship Store von Royal Copenhagen (s. S. 55).

Frokost-Restaurants

Husmanns Vinstue (F 5)

Larsbjørnsstræde 2, 1454 Køb K
Tel. 33 11 58 86
Mo–Fr 11.30–18, Sa 12–17 Uhr
Klassisches Kellerlokal seit 1888: dunkel, und mit exzellenten Smørrebrød; der geschmorte Räucheraal mit Rührei ist Spezialität (ca. 100 DKK). Legendär ist Husmanns für sein Verhältnis zu Frauen: Ab 1912 hatten sie Hausverbot, ab 1953 durften sie in Begleitung erwachsener Männer hinein und ab 1981 sogar allein. Kopf einziehen!

Ida Davidsen (H 4)

Store Kongensgade 70, 1264 Køb K
Tel. 33 91 36 55,
www.idadavidsen.dk
Mo–Fr 10–17 Uhr, Juli Sommerpause
Namensgeberin Ida ist Urenkelin jenes Oskar Davidsen, der 1888 das Smørrebrød erfunden haben soll, und inzwischen führt in der nächsten, der fünften Generation wieder ein Oscar das Lokal. Dass das eine Institution ist, merkt man schon bei den Preisen bis 150 DKK für die Luxusstullen. Auf dem *Smørrebrødseddel* lernt man bekannte Dänen kennen: Wer es im Land zu etwas bringt, wird Namenspatron eines Smørrebrød.

Nyhavns Færgekro (H 5)

Nyhavn 5, 1051 Køb
Tel. 33 15 15 88,
www.nyhavnsfaergekro.dk
Tgl. 9–1, Küche 11.30–23.30 Uhr
Eines der besten Frokost-Restaurants der Stadt. Idyllisch am stadtnahen Ende des Nyhavn gelegen. Das hier gebotene Preis-Leistungs-Verhältnis ist sonst am Nyhavn selten: Neben klassischen Smørrebrød (ab ca. 60 DKK) eines der besten Heringsbüfetts (109 DKK) im Lande – genial der mit einer Senf-Caviar-Marinade gebratene ›Stegte sild‹. Lassen Sie sich zum Runterspülen Kräuterschnaps servieren, der am Tisch aus neutralem ›Öko‹-Klaren und Kräuterbrand gemixt wird.

Pilegården (G 5)

Pilestræde 44, 1112 Køb K
Tel. 33 15 48 80, www.pilegaarden.dk
Di–Sa von 12–16 Uhr
Ein ausgezeichnetes, sehr dänisches *frokostbuffet* für 119,50 DKK, und das mitten in Kopenhagen! Probieren Sie auf jeden Fall auch die eingelegten Heringe.

Highlight 2

Slotskælderen Hos Gitte Kik (G 5)

Fortunstræde 4, 1065 Køb K
Tel. 33 11 15 37, Di–Sa 10–17,
Küche bis 15 Uhr, Juli geschl.
Äußerlich einer Speisegaststätte im real existierenden Sozialismus der 1960er ähnlich, entpuppt sich das Kellerlokal als urdänische Einrichtung. Staatschefs waren hier Stammgäste, Könige und Prinzen kamen auch ab und an. Seit 1910 werden auf dem ausladenden Tresen appetitlichste Smørrebrød präsentiert, aus denen man ›auf Sicht‹ auswählen kann, andere Varianten werden nach Wunsch zubereitet und eine kleine Tafel zeigt, was das warme Tagesgericht ist. Zum Aufräumen des Magens kann man aus 14 Sorten Akvavit wählen, einer besser als der andere. Drei verschiedene Smørrebrød kommen zusammen auf rund 200 DKK – ein solides Hauptgericht.

Gut und günstig

Atlas Bar (F 5)

Larsbjørnsstræde 18, 1454 Køb K
Tel. 33 15 03 52, www.atlasbar.dk
Mo–Sa 12–24, Küche –22 Uhr
›Küche der warmen Länder‹ wird hier gepflegt. Da kommt dann mal Straußengulasch oder Bison Steak, Hühnchen nach philippinischem oder Lamm nach pakistanischem Rezept auf die Tafel. Die großen Portionen kommen schnell. Gut die Hälfte der Gerichte ist vegetarisch (HG Frokost ab 115, abends 140–210 DKK).

Christianhavns Bådudlejning & Café (H 6)

Overgaden neden Vandet 29, 1414 Køb K, Tel. 32 96 53 53
www.baadudlejningen.dk
1. Mai–Ultimo Sept. tgl. 10–24,
Küche –21.30 Uhr
Eigentlich ist es ein Bootsverleih mit Ruder- oder Elektromotorbooten (80 bzw. 200 DKK/Std.), aber das dazu gehörige Café-Restaurant, das auf einem Ponton auf dem Kanals dümpelt ist, hat sich zu einem beliebten Treff im hippen Christianshavn gemausert. Traumhaft an schönen Tagen, wenn fast zum Greifen nah die Rundfahrtboote vorbeigeleiten. Exzellente Kaffeespezialitäten gibt's den ganzen Tag, außerdem kleine Klassiker zum Frokost bis 16 Uhr (ca. 70–90 DKK) und abends zwei oder drei Hauptgerichte – Fisch oder Fleisch ca. 150 DKK.

Delicatessen (C 7)

Vesterbrogade 120, 1620 Køb V
Tel. 33 22 16 33

Bei Dänen zu Tisch

Was es zu essen gibt, sieht man erst, wenn es auf dem Tisch steht. Denn die Nielsens oder Jensens haben keine Speisekarte, doch versprechen sie, dänisch zu kochen. **Dine with the Danes** vermittelt Besuche bei dänischen Familien zum Mittag- oder Abendessen. Damit gemeinsame Interessen zusammenkommen, sollte man 14 Tage vorab buchen, mindestens jedoch 2 Tage vorher (inkl. Getränke 400 DKK/Erw., 200 DKK/8–14 J.). Buchungen online: www.dinewiththedanes.dk oder Tel. (mob.) 26 85 39 61. Zum selben Preis kann man auch bei schwulen oder lesbischen Gastgebern dinieren: www.meetgaycopenhagen.dk, Tel. 27 21 80 65 macht die Dates.

Kultig: das Laundromat Café

Tgl. ab 11 Uhr mit Frühstück, So–Do bis 23, Fr, Sa bis 2, Küche bis 22, Fr–Sa bis 23 Uhr! An ausgewählten Samstagen auch DJ ab 22 Uhr
›Fussionkøkken mit tiefem Blick in dänische Kochtöpfe‹ definieren die Macher ihr Angebot. Das Ambiente ist modern, fast kahl. Brunch (ca. 105 DKK) gibt es tgl. ab 11, Frokost (ca. 65–115 DKK) von 13–16 Uhr, HG am Abend ca. 105–175 DKK.

Det lille Apotek (F 5)

St. Kannikestræde 15, 1169 Køb K
Tel. 33 12 56 06,
www.det-lille-apotek.dk
Mo–Sa 11–24, So 12–24
Frokost –17, Abendküche –22,
Fr, Sa –23 Uhr
Seit 1720 wird hier serviert, so lange wie in keinem anderen Lokal der Stadt. Heute spricht ›Die Kleine Apotheke‹ vor allem silberne Jahrgänge an. Frokost-Platten 90–190 DKK, abends HG 100–190 DKK, Menüs um 200 DKK.

Beim Stone Beef grillt man sich ein Rumpsteak auf einem rund 300 °C heißen Granitstein selbst.

Elm Street (E 3)

Elmegade 8, 2200 Køb N
Tel. 35 37 70 25
Tgl. 11–21 Uhr
Die Flutes oder Foccacias werden so reich belegt, dass sie eine kleine Mittagsmahlzeit sein können, die meisten kosten 40–45 DKK, wenn Lachs oder ähnliches drauf liegen soll, auch etwas mehr.

Harry's Place (B 1)

Nordre Fasanvej 269, 2000 Køb NV
Tel. 35 81 26 69
Tgl. 10–23 Uhr
Die ultimative Pølser-Bude mit den besten Würstchen der Stadt, leider in einem unspannenden Vorort rund 4 km vom Rathausplatz entfernt: Hier liefert eine kleine Privatschlachterei die Würstchen mit nichts als Fleisch und traditio-

nellen Gewürzen im Naturdarm. ›En ægte Børge med krudt i‹ – eine Bratwurst (24 DKK) mit hausgemachter Gewürzmischung ist Klassiker bei Harry's.

Jensen's Bøfhus

– Axeltorv 6, 1609 Køb V (E 6)
Tel. 33 12 16 66
– Gråbrødretorv 15, 1154 Køb K (F 5)
Tel. 33 32 78 00
– Kultorvet 15, 1175 Køb K (F 5)
Tel. 33 15 09 84
– Vesterbrogade 11, 1620 Køb V (E 6)
Tel. 33 25 03 66
alle: www.jensens-bofhus.dk
So–Do 11–22/23, Fr, Sa bis 23/24 Uhr.
Deftige Portionen und ein Salatbüfett, bei dem man die Beilagen selbst zusammenstellt, das alles preiswert und extrem familienfreundlich – mit diesem Konzept hat die dänische Kette riesigen Erfolg. Kinder lieben die Geschenke, die für sie immer parat liegen und das Softeis-Büfett mit diversen Streuseln und süßen Soßen – einmal 39 DKK zahlen, dann schlecken bis zum Schlechtwerden. Hauptgerichte starten mittags bei ca. 50, abends bei ca. 120 DKK, Menüs ab ca. 165 DKK. Nimmersatts versuchen sich an Spareribs: Die werden nachgelegt, bis der Gast kapituliert (149 DKK). Auch Take-away.

The Laundromat Cafe (E 3)

Elemegade 15, 2200 Køb N
Tel. 35 35 26 72,
www.thelaundromatcafe.com
Mo–Do 8–24, Fr 8–2, Sa 10–2,
So 10–24 Uhr
Absolut hip, sogar New York Times und Time Magazine berichteten schon über das von Isländern betriebene Café, in dem man nebenbei Wäsche waschen und Bücher aus einem Antiquariat lesen oder kaufen kann. Die Kaffees sind exzellent und die Speisekarte wechselt oft: ein Gourmet-Burger und eine pfiffige Fischsuppe (ca. 145 DKK) – Reminiszenz an die Heimat der Besitzer – stehen immer drauf.

Pølser-Kult

Mobile Würstchenbuden folgen den Brennpunkten des Lebens. Wo genug los ist, haben sie die ganze Nacht geöffnet. Die Kunden kommen aus allen Schichten, Altersstufen und Peergroups. Schneller als die Konkurrenten in den Hamburgerbratereien arbeiten die Männer im *pølsevogn* allemal: Der des Dänischen Unkundige setzt gerade an, »En pølse og en brød meg begge dele!« herauszupressen, da liegt das Würstchen mit dem angetoasteten Brötchen und je einem Ketchup- und Senfklecks schon vor ihm. Zum Glück hängen alle Kreationen mit den Heiß- oder Grillwürstchen – ab ca. 15 DKK – als Bilder aus, drauf zeigen reicht.

M. G. Petersens Gamle Familiehave (B 6/7)

Pile Allé 16, 2000 Frederiksberg
Tel. 36 16 11 33
www.petersensfamiliehave.dk
Tgl. 11–23, Küche bis 21 Uhr, Ostern–Mitte Sept.
Mittags gibt's Klassiker der Frokost-Küche, *smørrebrød* und diverse *anretninger* (›Platte‹ mit allem 159 DKK), auf denen sich u. a. Krabben und Schweinefilet mit geschmorten Zwiebeln ein Stelldichein geben. Abends bleibt es ganz traditionell (HG ab 85 DKK). Für bis zu 1000 Gäste, meist aus der Generation 50-plus, bietet der größte der *små haver* täglich Musik zum Tanzen

und Schunkeln. Zu den ›kleinen Gärten‹ gehören in der Nachbarschaft der halb so große **Krøgers Have** (Pile Allé 18, Tel. 36 45 08 97) und der teurere, aber ganzjährig geöffnete **Hansens Gamle Familiehave** (Pile Allé 10–12, Tel. 36 30 92 57).

Stella (F 5)

Kompagnistræde 18, 1208 Køb K
Tel. 33 15 19 00, www.cafestella.dk
So–Mi 10–24, Do bis 3, Fr, Sa bis 5, Küche tgl. 10–22.30 Uhr
Stella ist Café, Cocktailbar und Restaurant, innen über zwei Etagen verteilt, dazu im Sommer Outdoor-Plätze auf der spannenden Strædet (s. S. 84). Viele Gäste sind schwul oder lesbisch, aber auch Heteras und Heteros schauen gern rein. Die Küche setzt vom Brunch über viele Salate, Burger und Nachos eher auf den kleinen Hunger, das meiste unter 100 DKK. Abends fördert die Cocktailkarte kollektives Trinken: Rabatt ab zehn Drinks.

Innovative Küche

A Hereford Beefstouw

Åbenrå 8, 1124, Køb K (G 4),
Tel. 33 11 91 90
Mo–Fr 11.30–14, tgl. 17–21.30 Uhr
Vesterbrogade 3, 1620 Køb V (E6)
Tel. 33 12 74 41, www.a-h-b.dk
Mo–Do 11.30–01, Sa –02, So 15–24 Uhr, Hochsaison auch So ab 11.30 Uhr.
Die dänische Kette mit edler Steakrestaurants grillt vorrangig Rind, aber auch Lachs und Hummer. Das Fleisch kommt aus Australien, Neuseeland und Uruguay. Die Filiale Åbenrå ist ein ruhiges Speiselokal, die am Tivoli ist größer, munterer und zur Tivolisaison direkt aus dem Park zugänglich. HG zum Frokost ab ca. 80, Grillspezialitäten ca. 200–370 DKK. Teuer wird's, wenn man Wagyu-Fleisch ordert (500 gr plus Beilagen für 2–4 Pers. ca. 1300 DKK). Deftiger und etwas preiswerter ist das Pub-Food in der angeschlossenen Mikro-Brauerei ›Apollo‹.

Gourmandiet (G 2)

Rosenvængets Allé 7A, 2100 Køb Ø
Tel. 39 27 10 00, www.gourmandiet.dk
Di–Fr 11–19, Sa 9–15 Uhr
Voll im Trend: Deli-Schlachter im Designer-Look mit bestem Öko-Fleisch – Spezialität Öko-Zucht-Wildschwein – und kleiner MadBar für gut ein Dutzend Gäste, die sich aus der Fleischtheke aussuchen, was sie gern zubereitet bekommen möchten. Außerdem gibt es immer ein preiswertes Gericht der Woche sowie Do–Sa Tapas- sowie Fr und Sa Brunchpakete zum Mitnehmen (ca. 150–190 DKK mit je 2 Portionen). Schön die Deko über der Theke: Bei einer Renovierung der schon vor hundert Jahren als Schlachterei genutzten Lokalität kam hinter einer Holzpaneele der Wandfries ›Der Weg des Fleisches vom Bauern zum Verbraucher‹ ans Licht, um 1900 gemalt und heute unter Denkmalschutz.

Guldanden (F/G 2)

Sortedam Dossering 103, 2100 Køb Ø
Tel. 35 42 66 06, www.guldanden.dk
Mo–Fr 11–24, Sa 10–24, So 10–22 Uhr, 11–12 Uhr Frühstück ab 45 DKK, 11–15 Uhr Brunch ca. 120 DKK, 11–17 Uhr Frokost-Gerichte 80–120 DKK und abends 2-, 3- oder 4-Gänge-Menüs ca. 230–330 DKK.
Man fühlt sich wie in einem Ausflugslokal, wenn man in der Veranda sitzt und über die Seen auf Kopenhagen blickt. Die Küche definiert sich als sanfte Fusionsküche – man schaut in die Töpfe der Welt.

Restaurant Jacobsen

(11 km nördl. H 1, Nebenkarte)
Strandvejen 449, 2930 Klampenborg
Tel. 39 63 43 22
www.restaurantjacobsen.dk
S-Bahn Klampenborg
Mo–Fr 12–24, Sa, So 11–24 Uhr, 15–17.30 Uhr nur Café-Service, Frokost ab 65 DKK, am Abend HG ca. 170–200 DKK, auch Menüs. Sa und Mai–Sept. auch So 11–15 Uhr Brunch ca. 120 DKK.

Das Restaurant im funktionalistischen Bellevue-Komplex des Designers Arne Jacobsen (s. Tour 3, S. 112) ist ein Remake in alten Räumen, mit Klassikern des großen Formgebers eingerichtet. So sitzt man auf seinen schlichten 3107er-Stühlen von 1955 und zum Essen wird das zierliche ›AJ‹-Besteck, 1958 entworfen, eingedeckt. Wer an einem Sommertag einen Terrassenplatz vor dem Haus ergattert, muss damit leben, als Teil dieses Kunstwerks des öfteren fotografiert zu werden – der Preis dafür, in einer Design-Legende zu speisen. Die Küche ist dänisch-mediterran, mit viel Fisch und – in der Saison – guten Muschelgerichten.

Restaurant Kanalen (H 6)

Wilders Plads 2, 1403 Køb K
Tel. 32 95 13 30
www.restaurant-kanalen.dk
Mo–Sa 11.30–24 Uhr, Frokost ab 85, abends Menüs 3–6 Gänge 360–490, vegetarisch 3–4 Gänge 300–375 DKK.

Romantisch gelegen mit Kanalblick im Stadtteil Christianshavn in einem renovierten Haus aus dem 18. Jh., brillante Küche; gute Weinkarte. Das Frokost ist sehr dänisch, beim Dinner französische Einflüsse.

Kokkeriet (G 4)

Kronprinsessegade 64, 1306 Køb K
Tel. 33 15 27 77, www.kokkeriet.dk
Di–Sa 18–1 Uhr, Küche –21.30 Uhr, HG um 300, Menüs z.B. mit 6 Gängen ca. 700 DKK.

Französisch, immer mit Blick auf andere kulinarisch interessante Regionen, wird hier in der Gourmetliga gekocht; originell, innovativ und leider oft ausgebucht.

Spiseloppen (J 6)

Bådmandsstræde 43, 1407 Køb K
Zugang durch Christianias Haupteingang Prinsessegade (s. S. 81)
Tel. 32 57 95 58
Tgl. 17–24, Küche –22 Uhr, HG ca. 150–220 DKK.

›Nicht artig, aber einzig‹ könnte hier das Motto sein. Die kreative Cross-over-Kochkunst passt zur unkonventionellen Freistadt Christiania. Ein großer, niedriger Raum mit offener Küche im Obergeschoss eines alten Depotgebäudes ist das Zuhause dieses etwas anderen Lokals – im Sommer wird es schon mal recht warm hier oben. Die Karte wechselt oft, ein Fisch- und mehrere Fleischgerichte sowie ein vegetarisches Essen stehen immer drauf. Trotz des alternativen Ambientes liegen die Preise auf ›bürgerlichem‹ Niveau.

Thorvaldsens Hus (G 5)

Gammel Strand 34, 1202 Køb K
Tel. 33 32 04 00
www.thorvaldsens-hus.dk
Mo–So 10–22 Uhr

Atmosphäre und Küche sind mediterran, verleugnen dänische Wurzeln aber nie. Schöne Plätze vor dem Haus mit Blick auf das Thorvaldsen Museum und noch schöner im geschützten Innenhof. Sonntags populäres Brunch, gelegentlich mit Live-Musik zum Jazz-Brunch veredelt (11–15 Uhr, ca. 165 DKK), Frokost ab ca. 100 DKK, abends HG um 250 DKK, Menüs um 450 DKK.

Nordische Küche

noma (H 6)

Strandgade 93, 1401 Køb K
Tel. 32 96 32 97
www.noma.dk
Di–Fr 12–16, Mo–Sa 18–01 Uhr
Hier ist die färöische, nicht die die französische, die isländische, nicht die italienische, die grönländische, nicht die griechische Küche angesagt: Nordatlantik statt Mittelmeer, Seetang statt Sonnentomaten. Obwohl sie auf kulinarisch ungewohnten Routen segeln, steuern die Macher das noma direkt in die Gourmetklasse und inzwischen leuchten ihnen zwei Michelin-Sterne den Weg. Die Rohwaren kommen fast täglich frisch aus den genannten Ländern, Hummer und Muscheln von den Färöer-Inseln, das einzigartige Wildlamm aus dem isländischen Hochland oder Moschusochse, Schwarzer Heilbutt und Beeren aus Grönland. Damit alles stimmig ist, wird exklusiv für noma auf traditionelle Weise geräuchert, gepökelt, eingelegt und getrocknet. Und geradezu romantisch das Ambiente in einem alten Speicher auf der Christianshavn-Seite des Hafens mit Blick über das Wasser auf das Zentrum. Für ein Menü sollte man mittags ab ca. 350 DKK, abends mit passendem Weinmenü weit über 1000 DKK rechnen und viel Zeit mitbringen.

Wo steht der Grill

Das Konzept ist immer ähnlich: Ein großes Areal irgendwo am Hafen mit Blick auf das Zentrum wird mit einfachen Mitteln zum ›Strand‹-Lokal – Spezialität: Barbecue. Dazu etwas Platz für Sport und zum Relaxen. Leider fielen auch die angesagtesten Beach-Locations meist nach kurzem Dasein einer Bau- oder Sanierungsmaßnahme zum Opfer. Aber man kann fast sicher sein, dass jeden Sommer wieder eine solche Location aufmacht, das i-Büro weiß wo.
Einen längerfristigen Pachtvertrag hat **Halvandet (K 2)** (Refshalevej 325, 1432 Køb K, Tel. 70 27 02 96, www.halvandet.dk) gegenüber der Kleinen Meerjungfrau mit Cocktailbar, Grill-Küche und Sportangeboten wie Kajakfahren. Wasserpolo und Beach-Volleyball. Am besten erreicht man den Szene-Spot mit den Vandbussern hop-on hop-off oder einem Wassertaxi (beides s. S. 25). Kleinigkeiten wie Ciabatta-Sandwiches tgl. 10–15 Uhr (ca. 75 DKK), später wird der Grill angemacht (HG 125 DKK). Sa / So 10–14 Uhr Brunch (125 DKK). geöffnet Mitte April bis Ultimo Sept. tgl. 10–22, Hochsaison –24 Uhr bei gutem Wetter länger, Küche bis 21/22 Uhr.

Peder Oxe (F 5)

Gråbrødretorv 11, 1154 Køb K
Tel. 33 11 00 77, www.pederoxe.dk
Tgl. 11.30–1 Uhr, Küche bis 23 Uhr
Das Restaurant mit dem blanken Dielenboden am Gåbrødretorv, ist eine Institution. ›Fisch und Fleisch nach Marktlage‹ heißt das Konzept. Zu allen Hauptgerichten kann man sich am üppigen Salatbüfett bedienen (+ 49 DKK) – diese Art, Beilagen zu servieren, soll hier erfunden worden sein. Preiswerter Klassiker ist ›okseburger‹, ein Rinderhacksteak, mit Backkartoffel für 125 DKK, aus Ökofleisch zahlt man 5 Kronen mehr. Andere HG liegen bei 160–200 DKK, Frokost-Spezialität sind drei üppigst belegte Smørrebrød nach Wahl für knapp 140 DKK.

SALT Bar & Restaurant (H 5)

Toldbodgade 24–28, 1253 Køb K
Tel. 33 74 14 44
www.saltrestaurant.dk
Tgl. 12–24, Küche –22 Uhr
Das Design-Restaurant im grandiosen Hotel Admiral (s. S. 33) setzt auf moderne dänische Küche mit Zitaten aus ganz Europa. Frokost ab 75 DKK, oft Büfett, HG abends ca. 180–260 DKK. Gäste der Oper auf der anderen Hafenseite können im Salt vor der Vorstellung ein 2-Gänge-Menü genießen, inkl. Bootsshuttle zum neuen Opernhaus – da wird auf jeden Fall rechtzeitig serviert, sodass man nicht zu spät kommt. Auf Wunsch werden auch Tickets für Oper oder Schauspielhaus besorgt, dann mindestens 3 Tage voraus buchen!

Spitzenreiter

Zu den Spitzenreitern gehören auch das **noma** (s. Nordische Küche S. 48) und das italienische Restaurant **Era Ora** (s. Weltweit S. 50), beide mit Sterne-Küchen.

Alberto K. (E 6)

Hammerichsgade 1, 1611 Køb K
Tel. 33 42 61 61
www.dining-out.dk
Mo–Sa 18–24 Uhr
Menüs 555–695 DKK.
Kulinarische Höhenflüge nordischer Küche mit italienischen Zitaten, atemberaubende Ausblicke aus dem 20. Stock des Radisson SAS Royal Hotel (s. S. 35). Im Alberto K. liegt Ihnen Kopenhagen zu Füßen, der Øresund mit Brücke und schwedischer Küste füllen den Horizont. Das Feuerwerk des Tivoli sieht man nirgendwo besser als von hier. Das Interieur würdigt den Designer Arne Jacobsen (s. S. 112).

Ensemble (H 5)

Tordenskjoldsgade 11, 1055 Køb. K
Tel. 33 11 33 52
www.restaurantensemble.dk
Di–Sa 18–23 Uhr
Das für seine Kochkünste mit einem Michelin-Stern ausgezeichnete Restaurant ist ideal für Entscheidungsschwache: Es gibt nur ein 6-Gänge-Menü, das alle zwei Wochen wechselt und mit 800 DKK zu Buche schlägt, zum gleichen Preis ein harmonierendes Weinmenü. Als neue dänische Küche mit Inspirationen durch internationale Trends definieren die jungen Macher ihren Stil.

Krogs Fiskerestaurant (G 5)

Gammel Strand 38, 1202 Køb K
Tel. 33 15 89 15, www.krogs.dk
Mo–Sa 18–24 Uhr
Jeder Fisch wird kulinarisch vergoldet und entsprechend berechnet: Vorspeisen um 200, HG ab ca. 300 DKK. Die Bouillabaisse mit dem Feinsten, was dänische Gewässer an Fisch und Schalengetier hergeben, schlägt mit rund 400 DKK zu Buche, die Menüs mit 750–1200 DKK. Bei den Weinen empfehlen die drei Sommeliers aus einer der umfangreichsten Weinkarten des Landes : rund 700 Tropfen, meist aus Frankreich.

Restaurant Nouveau (F 6)

Magstræde 16, 1204 Køb K
Tel. 33 16 12 92
www.restaurantnouveau.dk
Di–Sa ab 18 Uhr, Küche bis 22 Uhr
Schon über dem Vorgängerlokal in diesem intimen, historischen Häuschen an Kopenhagens ältester Gasse leuchtete ein Stern und der aktuelle Besitzer-Koch kommt aus einem anderen Sterne-Restaurant – da sind Klasse aber auch Erwartungen hoch. Gekocht wird mit deutlich französischen Einflüssen eher klassisch als experimentell. Regelmäßig gibt

Picknick mit den Dänen

Restaurants sind Ihnen zu teuer in Kopenhagen? Dann machen Sie's doch wie die Kopenhagener: Gehen Sie in einen Supermarkt, kaufen Sie ein Paket Grillfleisch und einen Fertigsalat sowie einen Einmalgrill. Sicher finden Sie auch einen passenden Tropfen, ab 40 DKK gibt es passable Weine; achten Sie bei entsprechendem Bedarf auf Rabatte nach dem Motto ›3 Flaschen zu je 50 Kronen für 120 Kronen‹. Beliebte legale Grillplätze sind Frederiksberg Have (Familien, ältere Jahrgänge, s. S. 98), Fælledparken (Jüngere, s. S. 99) oder Grasflächen am Bellevue und Charlottenlund Strand (s. S. 74).

es ein 6-Gänge-Menü (ca. 700 DKK) und ein minimalistisches à la carte Angebot.

Vegetarisch

Rein vegetarische Restaurants sind nicht sehr häufig, viele andere haben aber vegetarische Gerichte auf der Karte, dazu gehören u. a. Atlas Bar (s. S. 43), das RizRaz (s. S. 51), Restaurant Kanalen (s. S. 47) oder Spiseloppen (s. S. 47).

Den Grønne Kælder (G 5)

Pilestræde 48, 1112 Køb K
Tel. 33 93 01 40
Mo–Sa 11–22 Uhr, Juli geschlossen
Ein Kellerlokal. Unkompliziert das Ordern zum Frokost: Sie suchen sich aus den Töpfen in der Vitrine zwei oder drei Komponenten. Ab 17 Uhr wird à la Carte geordert (HG ab 75 DKK); immer gibt es mindestens ein veganisches Gericht.

Morgenstedet

Fabriksområdet 134 (Christiania; s. S. 81), Di–So 12–21 Uhr
Christiania wie es leibt und lebt: Ein Raum inkl. Küche; alkohol-, rauch- und kreditkartenfrei; das Essen aus ökologisch angebauten Zutaten und trotzdem spottbillig – HG ab 75 DKK – mit Salaten, Suppen und Eintöpfen.

Weltweit

Ankara

Krystalgade 8–10, 1172 Køb K (F 5)
Tel. 33 15 19 15
Vesterbrogade 35, 1620 Køb K (E 6)
Tel. 33 31 92 33
Mo–Sa 11–24, So 13–24 Uhr
Das türkische Büfett ist billig (bis 16 Uhr 49, abends 79 DKK), reichhaltig und macht satt, und auch ein 3-Gänge-Menü gibt's für 119 DKK. Das Ankara wird gern von jungen Cliquen besucht. Laut!

Era Ora (H 6)

Overgaden neden Vandet 33, 1414 Køb K
Tel. 32 54 06 93, www.era-ora.dk
Mo–Sa 12–15, 19–1, Küche –22.30 Uhr
Für manche ist es der beste ›Italiener‹ nördlich der afrikanischen Küste, ein Michelin-Stern ziert die Küche seit 1996. Das hat seinen Preis: Frokost-Menüs 325–485 DKK, abends ab 780 DKK, nach oben offen, wenn man beim Weinmenü aus dem Vollen schöpft.

Kai café & spisested (C 4)

Falkoner Allé 49, 2000 Frederiksberg
Tel. 38 88 78 88, www.kai.dk
Mo–Fr 17–22.30, Sa–So 11–22.30 Uhr
HG ca. 140–190 DKK.
Ein Autor, der in diesem Verlag auch über Neuseeland schrieb, darf wohl Ko-

penhagens einziges Kiwi-Restaurant erwähnen. ›Kai‹ ist das Wort für Essen in der Sprache der Maori, und die Küche im Kai bezieht – wie in Neuseeland üblich – die ganze Südpazifik Region ein.

La Galette (F 5)

Larsbjørnsstræde 9, 1454 Køb K
Tel. 33 32 37 90
Mo–Sa 12–23, So 16–22 Uhr, HG um 75 DKK.
Obelix weist den Weg in den Hinterhof, in dem sich das kleine bretonische Lokal versteckt, in dem Pfannkuchen die Spezialität sind. Originell, einfach und preiswert.

Pasta Basta (F 5)

Valkendorfsgade 22, 1151 Køb K
Tel. 33 11 21 31, www.pastabasta.dk
So–Do 11.30–2, Fr–Sa 11.30–5 Uhr, Küche bis 30 Min. vor Ende
Die Küche ist italo-amerikanisch von billig (Pasta-Salat-Büfett 89 DKK, Pasta 98 DKK) bis Luxus (Halber Hummer 325 DKK). Je später die Nacht, desto aufgedrehter das junge Publikum.

Quattro Fontane (E 3)

Guldbergsgade 3, 2200 Køb N
Tel. 35 39 39 31, tgl. 16–1 Uhr
HG ab 65 DKK.
Hier ist alles basic-italienisch inkl. Ferrari-Flaggen und Chianti-Flaschen-Deko. Auf der Karte Pizza- und Pasta-Klassiker. Ins Quattro Fontane am Skt. Hans Torv (s. S. 84) gehen die ›locals‹, wenn es nicht viel kosten soll.

Reef'n'Beef (E 6)

Jernbanegade 4, 1551 Køb K
Tel. 33 33 00 30, www.reefnbeef.dk
Tgl. 17–24, Küche bis 23 Uhr
Seit die Dänen realisieren, dass ihre zukünftige Königin von down under kommt, ist das Interesse an dem australischen Restaurant rapide gestiegen. Wer Emu, Känguru oder Krokodil – ähnlich Geflügel – probieren möchte, bekommt es hier für Preise ab 185 DKK.

RizRaz

Store Kannikest. 19, 1169 Køb K (F 5)
Tel. 33 32 33 45
Kompagnistræde 20, 1208 Køb K (F 6)
Tel. 33 15 05 75
www.rizraz.dk, tgl. 11.30–24.00 Uhr
Büfett mittags 69, abends 79 DKK, HG inkl. Büfett 119–189 DKK.
Die zentral gelegenen RizRaz-Filialen locken mit ägyptisch-mediterraner Küche vor allem junge Gäste, Cliquen und Familien. Das Ambiente ist kantinenmäßig. Billige Hauptgerichte mit ordentlichen Fleisch- oder Fischportionen und ein üppiges Beilagenbüfett, das auch als vegetarisches Büfett gegessen werden kann.

Samos (F 5)

Skindergade 29, 1159 Køb K
Tel. 33 33 00 25, tgl. 11.30–24 Uhr
Hier ist das Büfett griechisch und billig (mittags 39, abends 79 DKK), außerdem gibt es Menüs. Innen sitzt man eng und immer auf Tuchfühlung mit anderen Gästen – der Preis für Falschgeiz.

Sticks 'n' Sushi – takeawaybarcafé (E 4)

Nansensgade 59, 1366 Køb K (E4)
Øster Farimagsg. 16, 2100 Køb Ø (F3)
Istedgade 62, 1650 Køb V (D7)
Alle: www.sushi.dk
Kernzeit Küche: 11–21.30, Fr, Sa teilweise –23 Uhr
Erst Trend, dann Kult, dann Institution, jetzt Kette: Japanische Küche gehobener Qualität mit Kombi-Packs für jeden Geldbeutel, auch zum Mitnehmen.

Einkaufen

Edler Trödel auf Kopenhagener Flohmärkten

First- und Secondhand-Mode

Die Fußgängerzonen Strøget (s. S. 84) und Købmagergade bilden Schlagadern des Konsums, wo sie sich treffen, pocht das Herz, der Amagertorv. Entlang der Østergade, dem edlen Teil von Strøget, lesen sich die Namen auf den Schaufenstern wie ein Who's Who der dänischen und internationalen Modeszene. Gassen und Sträßchen verästeln die beiden Einkaufsmeilen in die Altstadt, bilden Wege zu Läden junger Modemacher, Designer und Kunsthandwerker. Vorzeigestraße der jungen Modeszene ist die Kronprinsensgade (s. S. 58), ein Ableger die Grønnegade.

Dass sich Mode aber nicht nur an den besten Adressen verkauft, zeigen die Elmegade in Nørrebro oder die Istedgade in Vesterbro, lange Synonym für Fixernadeln, Pornoshops und Rotlichtbars, heute für Nähnadeln, Klamottenläden und Szenecafés.

Kollektionen der letzten Saison, dann aber deutlich billiger, findet man in Factory Outlets, geballt am Langelinie Kaj (s. S. 58), wo ihnen täglich Kreuzfahrtschiffe neue Kunden vor die Haustür bringen. Wer es noch preiswerter mag, stöbert durch Secondhand-Shops: Ob Braut- oder Modelkleider, Designerschuhe oder abgedrehte Klamotten der aktuellsten Retro-Welle – einschlägige Läden gibt es in allen Stadtteilen.

Antiquitäten und Kunst

Überhaupt ist Gebrauchtes ein Renner, Dänemark gilt als günstiges Einkaufsland für Antiquitäten. Flohmärkte, die Antiquitätenstraße Ravnsborggade (s. S. 53) sowie edle Antiquitätenläden im königlichen Viertel Frederiksstaden sind Fundgruben für alles von Kitsch bis Kunst. Daneben liefern Secondhand-Plattenläden und Antiquariate Sammlerobjekte und Kuriositäten.

Essen und Trinken

Marinierte oder eingelegte Heringe, Krabben aus Grönland, grobe Leberpastete, Käsespezialitäten, Jogurt im Literpack, kräftig gebrannter Kaffee und preiswerter Tee nahmen schon Generationen von Dänemarkurlaubern mit nach Hause. Jetzt kommt etwas hinzu, was das Denken selbst langjähriger Skandinavienfans auf den Kopf stellt: Seit die Alkoholsteuer zum 1. Okt. 2003 um über 5 € pro Flasche gesenkt (!) wurde, lohnen hochwertige Spirituosen. So gibt es eine Flasche Edel-Akvavit, wie man ihn südlich der Grenze selten zu Gesicht bekommt, schon für etwa 15 €. Und wer durch gut sortierte Spirituosenshops schaut, entdeckt vielleicht seinen Lieblingswhisky, für den er sonst nach Schottland fahren muss, denn beim Lebenssaft der Kiltträger ist man in Kopenhagen bestens sortiert.

Antiquitäten, Antiquariate & Flohmärkte

Bredgade (G/H 4/5)

Bredgade, 1260 Køb K
Straße der Edel-Antiquitätenhändler und Secondhand-Geschäfte mit Klassikern des dänischen Designs wie:
Antik, Nr. 8
Antique Moderne, Nr 36 A
Dansk Møbelkunst, Nr. 32
Klassik, Nr 3
Raabjerg Antik & Arts, Nr. 47

Bruun Rasmussen …

Dänemarks bekanntestes Auktionshaus zeigt Kataloge und Auktionstermine unter www.bruun-rasmussen.dk. Zunehmend kommen dort auch Waren online unter den Hammer. Wer sie vorher sehen will:
Bredgade: Bredgade 33, 1260 Køb K (H 4/5); Mo–Do 11–17, Fr –15.30 Uhr (Weine, Bücher, kleine Kunst)
Havnen: Sundkrogsgade 30, 2100 Køb Ø (H 1/2); Mo–Do 11–17, Fr–15.30, Sa 10–14 Uhr (Möbel, Gemälde, großen Kunstwerke)

Gammel Strand Loppemarked (G 5)

Gammel Strand, 1202 Køb K
Mai–Sept. Fr 8–17, Sa 9–17 Uhr
Markt der besseren Art, eher mit Antiquitäten denn mit Trödel, vor einer der schönsten Kopenhagener Häuserzeilen.

Københavns Loppetorv (F 4)

Israels Plads, 1361 Køb K
Mitte April–Mitte Okt. Sa 8–14 Uhr
Kopenhagens größter regelmäßiger Flohmarkt; billig.

Maritime Antiques (H 5)

Toldbodgade 15, 1253 Køb K
www.maritime-antiques.dk
(inklusive Katalog)
Mo–Fr 10–17.30, Sa 10–14 Uhr
Antiquitäten und Nippes, wirklich Altes und auf alt Getrimmtes, Nostalgisches und stets Maritimes; Renner sind detailgetreue Leuchtturmminiaturen (s. Tour 4, S. 114).

Paludan Bog & Café (F 5)

Fiolstræde 10–12, 1171 Køb K
www.paludan-bog.dk
Mo–Fr 8–19, Sa 10–18 Uhr
Gut 20 000 Titel hält das Antiquariat auf Lager, dazu Neuerscheinungen. Kaffee und Kuchen gibt's auch (s. S. 41).

Ravnsborggade (E 3–4)

Ravnsborggade, 2200 Køb N
Info: Föderverein F.A.I.R., www.ravnsborggade.dk
(mit Übersicht über alle Läden)
Die Straße ist eine Mischung aus Flohmarkt und Antiquitätenhandel. Insgesamt verkaufen fast 40 Läden aus zweiter oder dritter Hand neben Möbelklassikern oder Klunkern auch edles

Die 25 %-Hürde

In Dänemark liegen auf allen Waren 25 % Mehrwertsteuer, trotzdem sind einige Dinge günstiger als in Mitteleuropa, z. B. Produkte des Danish Design. Selbständige, die ›betrieblich‹ Designermöbel oder HiFi-Geräte kaufen, sollten darauf achten, dass die europäische Steuer-ID des Geschäfts auf der Rechnung erscheint – den Rest erledigt jeder gute Steuerberater. Wer außerhalb der EU wohnt, kann die Mehrwertsteuer bei der Ausreise erstattet bekommen, die meisten Läden haben Informationen zur Prozedur.

Jazz auf CD oder live, aber auch Bier oder Kaffee gibt es im Jazzcup

Biedermeier, Silber, Kristall, Kopenhagener Porzellan, Trödel und Kitsch oder genau so eine Stehlampe, wie Sie sie vor kurzem noch zum Sperrmüll gestellt haben. Längst erobern die Läden auch Nebenstraßen wie die Skt. Hansgade.

CD und Vinyl

Jazzcup (F 4)

Gothersgade 107, 1123 Køb K
Tel. 33 15 02 02
Mo–Do/Fr/Sa 11.30–17.30/19/18 Uhr
Vorn Café und Kneipe, hinten CD-Shop voller Jazz. Fr und Sa Nachmittag gibt's oft Konzerte – Jazz natürlich.

JazzKælderen

Skindergade 19, 1159 Køb K
www.jazzmusic.dk
Mo–Do/Fr/Sa 11–17.30/18.30/15 Uhr
Der Name des ›JazzKeller‹ stammt noch von einem früheren Ladenlokal, denn jetzt muss man eine halbe Treppe hoch, um in diesen bestens sortierten Shop zu kommen. Hier gibt es auch Bücher zum Jazz und zu seinen Musikern. Das angeschlossene Café ist gelegentlich *spillested* für intime Jazzkonzerte.

Sound Station (D 6)

Gl. Kongevej 94, 1850 Frederiksberg C
www.soundstation.dk
Mo–Do/Fr/Sa 10–18/19/16 Uhr
Importe aus den USA sind Spezialität dieses Plattenladens, ansonsten stehen rund 100 000 Secondhand-Tonträger mit Musik von den 1950ern bis heute in den Regalen, viele Vinyl-LP und -Singles, aber auch CDs.

Danish Design

Billedleg – Trælegetøj/ Lars Jensen Design (F 6)

Kompagnistræde 20, 1208 Køb K
Di–Do 11–17.30, Fr –18.30,
Sa –15 Uhr

Lars Jensen gestaltet Kinderspielzeug vom Greifring bis zum Kranwagen, schlicht und solide in der Form, in leuchtenden Farben. Alles soll nicht nur im Spiel, sondern auch optisch wirken – Jensen kann auf eine lange Karriere als bildender Künstler zurückblicken. Spezialität: Der Geburtstagszug: Zu jedem Geburtstag wird ein Waggon in neuer Farbe angehängt und jeder trägt eine Geburtstagskerze (s. S. 112).

Bodum Home Store (G 5)

Østergade 10 (Strøget), 1100 Køb K
www.bodum.com
Mo–Do 10–18, Fr –19, Sa –17 Uhr
Die Kanne für den ›Stempelkaffee‹, in der ein Filter das Kaffeemehl auf den Boden presst, hat Bodum bekannt gemacht. Hier füllen die formschönen Haushaltswaren vier Etagen, immer in Stapeln, vieles zu Sonderpreisen. Aber man merkt auch, dass es neben hochwertigen Produkten aus Edelstahl, Holz und Glas inzwischen eine Billiglinie gibt, bei der Plastik dominiert.

Butik for Borddækning (G 5)

Møntergade 6, 1116 Køb. K
Mi–Fr 12.30–18, Sa 11.30–14 Uhr
Hier dreht sich alles um das, was auf den Tisch muss, bevor das Essen kommt: Die ›Butik fürs Tischdecken‹ der Designerin Kirstine Kejser Jenbo macht Tischdecken zum Kult.

Nyt i bo (H 4)

Store Kongensgade 88, 1264 Køb K
Mo–Do 10–17.30, Fr –19, Sa –14 Uhr
Hier bekommt man Klassiker des dänischen Möbeldesigns wie die Stühle von Arne Jacobsen und Hans J. Wegner, der John F. Kennedy zu seinen Kunden zählte, den Ellipsentisch von Piet Hein oder das schlicht-elgante Regalsystem von Montana.

DZOO – Designer Zoo (C 7)

Vesterbrogade 137, 1620 Køb V
www.dzoo.dk
Mo–Do 10–17.30, Fr 10–19,
Sa 10–15 Uhr, Bus 6A
Gut ein halbes Dutzend Formgeber stellen hier Textilien, Schmuck, Keramik, Glas und Möbel in offenen Werkstätten her und verkaufen das zusammen mit Arbeiten anderer Designer und Kunsthandwerker im Laden. Der hat seinen Namen wohl nicht nur daher, dass man den Machern bei der Arbeit zusehen kann, sondern auch, weil der Designer Zoo auf dem Weg von der City kurz vor dem echten Zoo (s. S. 98) liegt.

Paustian A/S (nördl. H 1)

Kalkbrænderiløbskaj 2, 2100 Køb Ø
www.paustian.dk
Mo–Do 9.30–17.30, Fr 9.30–18,
Sa 10–15 Uhr, Bus 26
Paustian ist Lebensphilosophie: Dänisches und internationales Möbeldesign der Oberklasse – der finnische Altmeister Alvar Aalto arbeitete für Paustian – präsentiert in einem exzentrischen Gebäude von Jørn Utzon, dem Architekten der Sydney Opera, am Rande eines alten Industriehafens. Paustian will auch Kulturhaus sein und besitzt ein mit Möbelklassikern eingerichtetes Gourmetrestaurant, das vom Guide Michelin in der 2008er-Ausgabe erstmals mit einem Stern ausgezeichnet wurde (Tel. 39 18 55 01; Mo–Sa 12–24 Uhr; Frokost-Menü 300 DKK, abends HG ca. 280–350 DKK, Menüs 600–750 DKK).

Royal Copenhagen, Illums Bolighus, Georg Jensen (G 5)

Amager Torv 4–10, 1160 Køb K
Mo–Fr/Sa 10–19/17, 1. So im Monat 12–17 Uhr
Am Amagertorv finden sich drei Ikonen des skandinavischen Design in einem

Gebäudekomplex direkt nebeneinander: In der Mitte residiert hinter edler Renaissancefassade der Flagship Store der Porzellanmanufaktur **Royal Copenhagen**. Populär ist deren blaues Zwiebelmuster, künstlerischer das Flora Danica Service – beide sind seit rund 200 Jahren im Programm. Edles Besteck zum königlichen Porzellan liefert die Silberschmiede **Georg Jensen**. Beide Shops haben Teile ihrer Läden zu Museen ernannt, um Zufallskunden die Schwellenangst zu nehmen – hier darf man gern schauen, ohne gleich kaufen zu müssen. Das gilt auch für den dritten im Bunde, **Illums Bolighus**, mit Design von Haushaltswaren bis zu Möbeln.

Royal Copenhagen 2.Wahl (A 5)

Søndre Fasanvej 9, 2000 Frederiksberg
Mo–Fr/Sa 10–17.30/14 Uhr
Busse 14, 15
Am Rande des Frederiksberg Have (s. S. 98) liegt die Herstellung der 1884 gegründete Königlich Kopenhagener Porzellanmanufaktur – heute mit globalisiertem Namen **Royal Copenhagen**. Edelstes aus zweiter Wahl und auslaufenden Serien werden im Factory Shop mit Rabatten von bis zu 60% verkauft.

Delikatessen

Amokka Butik (G 5)

Grønnegade 4, 1107 Køb K
Tel. 33 93 52 52, www.amokka.dk
Mo–Do/Fr/Sa 10–17.30/18/16 Uhr
Die Dänen gehören zur Weltspitze beim Kaffeekonsum. Wundert's da, dass Amokka die Bohne zum Kultobjekt macht und sogar international erfolgreich ist, z. B. in Deutschland? Exklusive Kaffee-Röstungen, aber auch Tee-Spezialitäten, Schokoladen aus eigener Herstellung und Hardware rund um den Kaffee im Amokka-Design – Coffee-to-go und Kuchen auf die Hand gibt's auch.

Bei Royal Copenhagen steht Handarbeit noch hoch im Kurs

Højbro Vin (F 5)
Frederiksborggade 6, 1360 Køb K
Mo–Fr 10–18, Sa –14 Uhr
Wohl die größte Auswahl in Skandinavien an Weinen und Spirituosen der Spitzenklasse, etwa 300 Whisk(e)y- und etliche Akvavit-Sorten.

Sømods Bolcher (F 5)
Nørregade 36 und Nørregade 24 (Shop), 1165 Køb K
Mo–Do 9.15–17.30, Fr 9.15–18, Shop auch Sa 10–14.30 Uhr
In der über 100 Jahre alten Bonbon-Fabrik werden all die kleinen Sünden, vor denen der Zahnarzt immer warnt, gemacht und verkauft. Über 70 Sorten sind in der Regel vorrätig.

Einkaufszentren

Fisketorvet (E 8)
Kalvebod Brygge 59, 1560 Køb V
www.fisketorvet.dk
Mo–Fr 10–20, Sa –17, 1. So im Monat 11–17 Uhr
S-Bahn Dybblsbro, Busse 30, 65 E
Mall mit rund 100 Shops, einem Dutzend Lokalen und einem CinemaxX. Mainstream-Kleidung dominiert, man findet aber auch gute Haushaltswaren und einen Supermarkt. Fisketorvet liegt an der Zufahrt zur Autobahn nach Süden und bietet kostenloses Parken – ideal für den Einkauf jener Frischwaren, die man aus Dänemark mitzubringen pflegt: Hering, Leberpastete, Jogurt …

Illum (G 5)
Østergade 52, 1100 Køb K
Mo–Do 10–19, Fr, Sa bis 20/17 Uhr
Das Edel-Kaufhaus ist genau genommen ein Label-Center mit lauter kleinen Läden, die ohne Grenzen ineinander übergehen. Ganz unten Feinkost, ganz oben ein Café mit Aussicht, dazwischen Mode und Design. Kaufhaus im klassischen Sinne ist das **Magazin** am Kongens Nytorv (s. S. 82).

Galerien

Galerie Asbæk (H 5)
Bredgade 20, 1260 Køb K
Tel. 33 15 40 04, www.asbaek.dk
Mo–Fr/Sa 11–18/16
Asbæk vertritt einige der international bekanntesten dänischen Künstler, darunter Carl-Henning Pedersen. So sind Asbæks Ausstellungen immer große Kunstereignisse. Was an den Wänden hängt, übersteigt in der Regel Urlaubskassen, dafür bietet der Galerie-Shop bezahlbare Grafiken und Fotografien von Asbæk-Künstlern. Im Keller präsentiert der Junior der Galeristen-Dynastie in den Martin Asbæk Projects Newcomer der Szene.

Galerie Mikael Andersen (H 4)
Bredgade 63, 1260 Køb K
Tel. 33 33 05 12, www.gma.dk
Di–Fr 12–18, Sa 11–15 Uhr.
Schwerpunkt sind Künstler der letzten zwei Jahrzehnte des 20. Jh., aber auch die Gegenwart kommt mit dänischen wie internationalen Namen zum Zuge.

Kirkhoff (F 8)
Sturlasgade 12 B, 2300 Køb S
Tel. 32 95 46 00, www.kirchhoff.dk
Di–Fr/Sa 12–17/15 Uhr
Brandaktuelles, gern Experimentelles – ganz junge Kunst im jüngsten Szeneviertel der Stadt Islands Brygge.

Nils Stærk Contemporary Art (G 7)
Njalsgade 19 C, 2300 Køb S
Tel. 32 54 45 62, www.nilsstaerk.dk
Di–Fr/Sa 12–17/15 Uhr

Skandinavische und internationale Gegenwartskunst in einem verwinkelten Ex-Industriekomplex im Viertel Islands Brygge.

Galleri Nicolai Wallner (G 7)

Njalsgade 21 (Haus 15), 2300 Køb S
Tel. 32 57 09 70
www.nicolaiwallner.com
Di–Fr 12–17, Sa –15 Uhr
Nicolai Wallner entdeckte Islands Brygge als neues Kunstviertel, heute ist seine Galerie der Gegenwartskunst in einem Hinterhaus der Njalsgade die, die am schlechtesten zu finden ist.

Mode & Schmuck

Elmegade (E 3)

Die Verbindung zwischen Skt. Hans Torv (S. 84) und Nørrebrogade im Viertel Nørrebro ist Testmarkt für junge Modemacher. Einige halten sich, einige verschwinden und einige treten von hier zum Sturm auf die City an. Schauen Sie rein, was in dieser Saison angesagt ist – aber besser nicht vor 12 Uhr, da haben viele Läden noch zu.

Factory Outlets (J 1/2)

Langelinie Kaj, 2100 Køb Ø
Tgl. 11–18 Uhr
Am Kai der Kreuzfahrtschiffe haben etliche Factory Outlets restaurierte Lager im Fundament der Promenade bezogen, darunter dänische Modehersteller wie Noa Noa (Nr. 6), Jackpot, InWear, Martinique und Cottonfield (Nr. 10–12), Samsø & Samsø (Nr 34) und Ticket to Heaven (Nr. 28), aber auch internationale wie Quicksilver (Nr. 52), Kappa (Nr. 46–48), Levis & Dockers (Nr. 22) oder Diesel (Nr. 14). Alles wird deutlich unter dem Preis verkauft, der eine Modesaison zuvor in der City verlangt wurde.

Istedgade (E 6–D 7)

Lange verrufen, jetzt trendy. Vom Bahnhof kommend sind die ersten Meter ins Vesterbro Viertel hinein noch das letzte Refugium der Porno-Industrie, dann wird es stylischer und spannender: Läden mit Klamotten, Designerkram, Modeaccessoires und Secondhand-Ware wechseln sich ab mit Cafés, Kneipen oder Multi-Kulti-Lebensmittelläden – jedoch macht kaum einer der Szene-Shops vor 11 Uhr auf. Läden wechseln oft Namen, Stil und Konzept – eine Momentaufnahme:
Hornecker (Nr. 43 A) bringt Charakter an die Füße der Frauen von Sandale bis Stiefel.
Donn Ya Doll (Nr. 55) ist mit finnischer Designermode und abgedrehten Accessoires fast schon extraterrestrisch.
Ichinen (Nr. 59, www.tomrossau.dk) verkauft Leuchtobjekte des Designers Tom Rossau
Leasara (Nr. 89) bringt eigene Mode und ein paar Fremd-Label an die Frau – Hauptsache kess, aber öko.
E-Vintage.dk (Nr. 92) der physische Laden eines Internet-Shops schwelgt in Retro-Wellen.
Birna (Nr. 99) Design aus Björk-Land – eine Isländerin mischt bei der Mode Kopenhagen auf.
Sommerlund Copenhagen (Nr. 110) führt Mode der Designerin Katrin Sommerlund sowie weitere dänische und amerikanische Label – elegant, feminin.

Kitch Bitch (G 5)

Læderstræde 30, 1201 Køb K
Mo–Do/Fr 12–18/19, Sa 11–16 Uhr
Secondhand vom aktuellsten Retro-Trend an Strædet (s. S. 84).

Kronprinsensgade (G 5)

Mo–Do/Fr/Sa 11–18/19/16 Uhr.
Hier kleiden sich die Schönen und Reichen gern ein, und wenn das zu an-

strengend wird, stärken sie sich im Café Sommersko (s. S. 40).

Bruno & Joel (Nr. 2) führt sein eigenes Label, aber auch andere Markenschuhe.

Bruuns Bazaar (Damen in Nr. 8, Herren in Nr. 9, www.bruunsbazaar.com) bietet auf beiden Seiten der Straße schlichte Eleganz von T-Shirts bis zu Kleidern.

Brints Sko (Nr. 9) bringt Modisches an die Füße; Direktimporte kleiner Label aus den klassischen Ländern der Schuhmode.

Notabene (Nr. 10) verkauft modische Schuhe der eigener Marke sowie die italienischer und spanischer Labels.

Sabine Poupinel & Co (Nr. 12) führt elegante wie exklusive Mode und Accessoires von einem halben Dutzend dänischer Designerinnen.

Höff/tactus2 (Nr. 12) hat innovativsten Schmuck in den Vitrinen, verschiedene dänische Schmuckdesigner sind hier vertreten (Mo geschl.).

Stig P (Nr. 14) führt edle, elegante und trendbewusste Mode vom eigenen Label Dico, aber auch von internationalen Designern.

Nur der Laden in Nr. 11 passt irgendwie nicht in diese Modewelt, oder besser, wer dort zuviel kauft, passt bald nicht mehr in die Mode:

Summerbird Chocolaterie (www.summerbird.dk) produziert edelste kleine Dickmacher aus Schokolade und Marzipan, hmmmm …

Musling (F 4)

Vendersgade 5, 1363 Køb K
Mo–Fr/Sa 10–17.30/14 Uhr.
Junge Modedesignerinnen machen Mode für werdende und gewordene Mütter inkl. darauf abgestimmter Kinderkollektion. Wer's vorher sehen will: www.musling.net.

Mannequin Shop (F/G 5)

Hyskenstræde 3, 1207 Køb K
Mo–Do 12–18, Fr/Sa 10–19/14 Uhr
Elegantes aus Paris zu bezahlbaren Preisen erwartet man kaum in der Kellerboutique einer Nebengasse der Strøget – lassen Sie sich hier eines Besseren belehren.

Munthe plus Simonsen (G 5)

Grønnegade 10, 1107 Køb K
www.mentheplussimonsen.dk
Mo–Do/Fr/Sa 10–18/19/16 Uhr
Seit Ende 2003 bereichern Naja Munthe und Karen Simonsen mit ihrem Concept Store die Grønnegade. Die Vorzeigedesignerinnen der Dan-Couture bauten nach ihrem Examen 1994 an einer Designschule in der dänischen Provinz in wenigen Jahren ein internationales Modeimperium auf. Ihre meist gut betuchten Kundinnen kleiden sie betont lässig, mit vielen Naturmaterialien, aber immer edel und feminin ein.

Tout Petit (D 6)

Værnedamsvej 17, 1819 Frederiksberg C,
Mo–Do/Fr 9.30–18/19, Sa 10–16 Uhr
Sophie Stub, gebürtige Französin, kreiert Kindermode. Ihre Spezialität sind nostalgische Anzüge und Kleider, aber auch Spielzeug aus Stoff. Den Matrosenanzug, wie ihn Ihr UrUr-Großvater trug, zaubert sie Ihnen nach der alten Fotovorlage gern in ein bis zwei Tagen – oder er kommt später per Post nach.

Wettergren & Wettergren (G 5)

Læderstræde 5, 1201 Køb K
Mo–Do/Fr/Sa 11–18/19/16 Uhr
In dem Laden an Strædet (s. S. 84) gibt's Schmuck, Kunsthandwerk und feminine Mode, darunter edelste Vintage Modelle aus der 1.Hälfte des 20 Jh. für einen zweiten Auftritt recycelt.

Ausgehen

Disco-Revival im Park Café

Fließende Grenzen

Restaurants, in denen zu später Stunde DJs Vinyl quälen, Clubs, in denen Sie vom Frühstück bis zum Abtanzen gut essen können, und Dinner-Shows im Las–Vegas–Stil – die Grenzen sind fließend, das Angebot breit. Dänische Lebensart greift aber auch gern auf Traditionen zurück, und so zitieren Kopenhagener Kneipen fast jede Dekade des 20. Jh. und *spillesteder* bieten deren Musikstilen die notwendigen Bühnen für ihre Auftritte. Ziele beim abendlichen Ausgehen sind für Kopenhagener wie für ihre Gäste natürlich auch die Vergnügungsparks Bakken und Tivoli (s. S. 64).

Wohin?

Die Hot Spots des Nachtlebens sprenkeln Kopenhagens Stadtplan. In der Innenstadt lockt die Vestergade (F 5/6) junges und lautes Publikum, Latiner Kvarter (s. S. 79) und Snarrens Kvarter (s. S. 79) werden zu später Stunde immer schwuler, während es um den Platz Vandkunsten gleich drei Spillesteder gibt, in denen fast jeden Abend Musik live zu hören ist. Darüber hinaus haben die Brückenviertel ihre Hot Spots: Nørrebro um den Skt. Hans Torv (E 3), Vesterbro um Halmtorvet (E 7) und an der westlichen Istedgade (D 7) sowie Østerbro zwischen Lille Triangel (G 2) und dem Østerbro Stadion (F 1).

Und was trinken?

Bier – dänisch *øl* und wie das Schmiermittel gesprochen – ist ein Alltagsgetränk. Aber statt der früher dominierenden Flaschenbiere läuft zunehmend Fassbier – *fadøl* – durch die Kehlen. Im Trend sind internationale Biere aus Belgien, England, Irland oder Tschechien sowie Spezialitäten kleiner dänischer Brauhäuser, die dem Kopenhagener Biergiganten Carlsberg so zusetzen, dass er seinerseits immer neue Biersorten auf den Markt wirft. Für Standardbiere – 0,33er-Flasche oder 0,3 l vom Fass – zahlt man 20–30, für Spezialitäten bis ca. 50 DKK. In diesem Rahmen liegen auch offene Weine pro Glas. Gängige Sorten **Akvavit,** die man eiskalt serviert bekommt, wenn man einen *snaps* ordert, kosten in der Regel so viel wie ein normales Bier. Aber auch hier gibt es edlere Sorten wie Akvavit mit Dill oder Aaalborger ›Porse Snaps‹ mit Gagel, einem uralten heimischen Gewürz. Genial die Spirituosenkarte der Blågård Apotek (s. u.) alle Preise natürlich in Kronen: *Sprut* (Sprit) 20, *God sprut* (guter Sprit) 22, *Bedre sprut* (besserer Sprit) 25, *Endnu bedre sprut* (noch etwas besserer Sprit) 30, *Ren frud* (Hochgenuss) 36/40, *Den bedste* (der Beste) 50. Die mancherorts populären Cocktails beginnen bei ca. 40 DKK.

Discos, Clubs, Shows

Barcelona (E 3)
Fælledvej 21, 2200 Køb N
Tel. 35 35 76 11
www.restaurantbarcelona.dk
Mit ›Barce‹ wurde Nørrebro ›in‹ und es verlor nie Kontakt zu jungem Publikum: Café und Club mit langem Brunch sowie Tapas, Salat und Burgern bis in die Nacht (Di–Sa 11–4/5, Küche bis 23 Uhr), mediterranes Restaurant im 1. Stock (Do–Sa 17.30–23 Uhr, HG um 160 DKK), Lounge für Cocktails bei Chill-out-Musik (Fr, Sa 23–4 Uhr).

Code Bar (F 6)
Rådhusstræde 1, 1466 Køb K
Tel. 33 26 36 26, www.code.dk
So–Do/Fr, Sa 12–02/05 Uhr
Kopenhagens derzeit munterste Gay Lounge mit traditionellem Show-Mittwoch und DJs am Wochenende. Und Mittags gibt's auch noch ein preiswertes Frokost.

Gefährlich (E 4)
Fælledvej 7, 2200 Køb N
Tel. 35 24 13 24, www.gefahrlich.dk
›Lebe wild und gefährlich‹ ist das Motto des Multi-Clubs in Nørrebro, der nicht in eine einzelne Schublade passt: Restaurant (Di–Sa 17–23 Uhr, HG 60–95 DKK), Clubbing (Di–Sa ab ca. 22.30), Lounge (Mi–Sa ab ca. 23.30) und Mittwochs gern noch etwas gehobenes Kulturprogramm. Und wer schön sein will, kann tagsüber schon mal beim hauseigenen Frisör Liebmann reinschauen (Termine Tel. 26 16 10 06).

Park Café & Natklub (F 1)
Østerbrogade 79, 2100 Køb Ø
Tel. 35 42 62 48, www.parkcafe.dk
Café/Restaurant: Mo–Fr 12–24, Sa/So 10–24/22, Natklub (Eintritt) Do–Sa ab 23 Uhr; Mindestalter Fr 20, Sa 22 Jahre
Bus 1A, 14, Nachtbus 85N.
Eigentlich braucht man für das ›Park‹ einen Plan, um alle Bars, dance floors, das Café mit Live-Bühne, das Restaurant mit Wintergarten und die Dachterrasse zu finden. Das Publikum wechselt im Laufe des Tages: Business zum Frokost (70–100 DKK), Familien zum Weekend-Brunch (Sa/So 10–14 Uhr, 139 DKK), Paare am Abend im Restaurant (HG 130–170 DKK) und ab Mitternacht zusehends unter der 30er-Grenze beim Abtanzen im Natklub.

Rust (E 3)
Guldbergsgade 8, 2200 Køb N
Tel. 35 24 52 00, www.rust.dk
Konzerte Do–Sa ab 22, teilweise 1 Uhr, Eintritt bis ca. 150 DKK. Club Mi ab 21, Do–Sa ab 23 bis ca. 5 Uhr; Eintritt je nach Tag und Programm 30–80 DKK.
Den Namen für diesen ›subkulturellen Palast‹ gab der Kreml-Wirrflieger Matthias Rust, doch wer kennt den noch? Mehrere Bars – relativ ruhig und mit dezenter Eleganz der Livingroom – und zwei Tanzdielen, eine auch als Konzertsaal nutzbar, bieten über 500 Gästen Platz. Die Musik setzt lieber Trends, als dass sie anderen folgt.

Wallmans Cirkusbygningen (E 6)
Jernbanegade 8, 1608 Køb V
Tel 33 16 37 00, www.wallmans.dk
Mi, Do/Fr, Sa 18–01/03 Uhr
Der altgediente Kuppelbau wenige Meter von Ratshausplatz und Tivoli entfernt hat schon viele Konzepte erlebt. Jetzt versucht es ein schwedischer Unterhaltungskonzern mit einer Dinnershow im Las Vegas Stil: Große Show auf der Bühne, ordentliche Kost auf dem Teller und anschließend wird das Rund zum Tanzparkett. Zielgruppe sind eher lebenslustige Empty-Nester als deren Brut (Min-

destalter 25 J.). Der Abend mit Show und 4-Gänge Dinner je nach Wochentag und Jahreszeit ca. 575– 845 DKK/Pers.

Live-Musik

Cafe Blågårds Apotek (E 4)

Blågårdsgade 20, 2200 Køb N
Tel. 35 37 24 42, www.kroteket.dk
Tgl. 15–2, Sa, So und Sommer ab 12 Uhr, Live-Musik Do–Sa ab ca. 21 Uhr
Seit den 70ern ist die Apotek Kneipeninstitution in Nørrebro (s. Extra-Tour 1, S. 108), viele Stammgäste sind mit ihr alt geworden. Aber die Konzerte (Blues, Rock, Jazz) locken auch jüngeres Publikum. Einen Block entfernt hören die Enkel der alten Apotek-Gäste im Kult-Zentrum **Stengade 30** (Stengade 18) Punk, Techno oder Hardcore Metal.

Copenhagen JazzHouse (G 5)

Niels Hemmingsens G. 10, 1009 Køb K
Tel. 33 15 26 00, www.jazzhouse.dk
Konzerte; Fr, Sa 24–5 Uhr ›Natklub‹
Das JazzHouse übernahm das Erbe des legendären Montmartre und ist die Jazz Institution der Stadt. Der ›Natklub‹ setzt mehr auf Soul, Funk, Acidjazz und Latin, bringt aber ein Drittel des Budgets ein – ›Tak‹ sagt der Jazz- zum Tanzfan.

Drop Inn (F 6)

Kompagnistræde 34, 1208 Køb K
Tel. 33 11 24 04, www.dropinn-kbh.dk
Mo–Fr 11–4, Sa 12–5, So 14–5 Uhr
Hier stehen Bands noch auf der Bühne – meist wird solider Rock gespielt –, wenn überall sonst die Instrumente schon eingepackt sind. Gigs beginnen Mo–Mi 22.30, Do 23.30, Fr, Sa 24 Uhr.

La Fontaine (G 5)

Kompagnistræde 11, 1208 Køb K
33 11 60 98, www.lafontaine.dk
Tgl. 20–5, Fr, Sa ca. 23–3 Uhr Live-Musik (ca. 50 DKK Eintritt), So gratis. Happy-hour mit Double-up Mo–Sa 20–22 Uhr
Vom Band gibt es Jazz die ganze Nacht, wenn nicht gerade Musiker auf der kleinen Bühne stehen. Spezialität ist das Unkalkulierbare: Musiker, die hier spontan zusammenkommen, um zu spielen. An Wochenenden kommt überraschend junges Publikum. Mit dem Kulturzentrum **Huset** (F 6; Rådhusstræde 13) ist eine weitere ›spillested‹ mit regelmäßigen Jazz-Konzerten gleich um die Ecke.

Mojo Bluesbar (F 6)

Løngangstræde 21 C, 1468 Køb K
Tel. 33 11 64 53, www.mojo.dk
Tgl. 20–5 Uhr, 20–22 Uhr Happy Hour
Der Blues wird hier gepflegt, und siehe da, es ist nicht nur die Musik alter Schwarzer, sondern von Musikern aller Generationen und Hautfarben. Tgl. ab ca. 22 Uhr Live-Musik, Do offene Blues Jam für jeden, der Blues im Blut hat.

The Rock (F 5)

Skindergade 45–47, 1456 Køb K
Tel. 33 91 39 13, www.the-rock.dk
Do–Sa 20–6, Konzerte ca. 21.30 Uhr, Eintritt je nach Namen 50–150 DKK
From dusk till dawn die heißeste Heavy-Metal- und Hard-Rock-Location im ganzen Norden; manchmal knallige Angebote wie Eintritt für 8 Personen + Flasche Vodka + vier Sprudel zum Mixen – da kommt Ozzy-Osbourne-Stimmung auf.

Vega (C 7)

Enghavevej 40, 1674 Køb V
Tel. 33 25 70 11, www.vega.dk
Vega Natclub und Vega Lounge Fr, Sa 23–5 Uhr, sonst zu Konzerten
Im Store Vega für bis zu 1500 Zuschauer kommt jede Form von Entertainment auf die Bühne: Al Jarreau, Björk und Rob-

bie Williams standen schon darauf. Lille Vega dient für kleinere Konzerte und mutiert freitags und samstags ab 23 Uhr zum Vega Natclub, von DJs in die Top Ten der besten Clubbing Locations weltweit eingeordnet. Die Musik reicht von Disco bis Deep-House – das Publikum ist meist in den 20ern. Zusammen mit dem Club hat die Vega Lounge für den dezenten Flirt beim Cocktail geöffnet.

Traditionskneipen

Bo-Bi Bar (G 5)

Klareboderne 14, 1115 Køb K
Tel. 33 12 55 43
Sa/So–Fr 12/14–02 Uhr
Zeitlose Kneipe mit rot karierten Tischdecken, seit Jahrzehnten eine Institution, Treff von Autoren, Redakteuren und Journalisten der umliegenden Verlagshäuser. Eigentlich immer hipp.

Galathea Kroen (F 6)

Rådhusstræde 9, 1466 Køb K
Tel. 33 11 66 27
Di–Do/Fr–Sa 18–2/5 Uhr
Urdänisch und doch kosmopolitisch: Neben einer Reistafel – nach holländisch-indonesischen Vorbildern, aber malaiisch zubereitet und seit 1953 auf der Karte (175 DKK) – sorgt deftige dänische Küche für die Grundlage, die man für eine Nacht im Galathea braucht. Da trinkt man neben Bier auch mal einen der guten Whiskys, die im Regal stehen.

Hvide Lam (F 5)

Kultorvet 5, 1175 Køb K
Tel. 33 32 07 38
Tgl. mindestens 10–24, Fr, Sa –2 Uhr
Die Kellerkneipe hat schon Kopenhagens Bombardierung durch die Engländer 1807 überlebt, und viel wurde seitdem nicht geändert. Fast jeden Abend Live-Musik, oft hinreißende Sessions älterer Herren mit Jazz in den Fingern.

Vinstue 90 (D 6)

Gammel Kongevej 90,
1850 Frederiksberg C
Tel. 33 31 84 90
So–Mi/Do–Sa 11–1/2 Uhr
Der Wein im Namen hat keine Bedeutung: *Vedskænket fadøl,* wohlgezapftes Fassbier, ist eine Spezialität, die Betonung liegt auf Zapfen. ›Gedeck‹ der Stammkunden: Ein großes Bier vom Fass und eine Flasche für die Zeit, bis das Gezapfte fertig ist. Skål!

Kult ums Bier

Mikrobryggerier nennen Dänen Brauhäuser, in denen man im Angesicht der Braukessel Kult ums Bier treibt – vier gibt es inzwischen in der Stadt. Trendsetter war Bryghuset Nørrebro. Das kreiert Spezialitäten im Stil großer Biere aus aller Welt und allen Epochen. Pate standen schon deutsche Schwarzbiere, britische Ales und Stouts, belgische Klosterbiere oder böhmische Pilsner. Rund 10 Sorten sind jeweils ›Am Hahn‹. Zur rauschfreien Übersicht gibt's 0,1 l Probegläschen. Mehr für den Durst bieten 4-6-glasige Biermenüs. Und Biercocktails – z. B. aus Tequilla, Lime, Rohrzucker und Pils – sollte man nur in Maßen genießen. Auch die Küche kocht mit Bier (HG um 200, Menüs ab 325 DKK, So bis 15 Uhr populäres Brunch ca. 100–130 DKK). **Nørrebro Bryghus** (E 3), Ryesgade 3, 2200 Køb N, Tel. 35 30 05 30, www.noerrebrobryghus.dk, Mo–Mi/Do–Sa 11–24/2, So 10–22 Uhr. Fürs Essen am Wochenende unbedingt reservieren!

Vergnügungsparks

Die Holzachterbahn auf Bakken

Mehr als Vergnügen

Für die beiden Kopenhagener Vergnügungsparks Bakken und Tivoli sollte man eine Bezeichnung erfinden, die sich nicht so sehr nach Pauschalspaß anhört, denn beide sind Kulturinstitutionen. Ihre großen Openair-Bühnen, Tivolis 1800-Plätze-Konzertsaal und sein anmutiger Glassaal sind für das kulturelle Leben der Stadt wichtige Spielstätten: So finden im Tivoli großartige Ballett-Abende und Klassikkonzerte ebenso wie Veranstaltungen im Rahmen des Copenhagen Jazz Festival (s. S. 70) statt. Darüber hinaus sind Tivoli wie Bakken unverzichtbar für das Nachtleben bei jenen, die dem Disco-Alter entwachsen sind.

Und wenn Kopenhagener zum Essen ausgehen, steuern sie ebenfalls gern die Parks an. Bakken bietet in gut zwei Dutzend Lokalen viel dänisch-bürgerliche Kost zu günstigen Preisen und ist populär für Familien-, Club- und Firmenfeiern, während im Tivoli etliche der gut 30 Restaurants die gehobene Kochkunst pflegen und oft den Rahmen für Geschäftsessen, manchmal sogar für Staatsempfänge abgeben. Insgesamt können die Lokale in beiden Parks weit über 15 000 Menschen gleichzeitig verpflegen – vorausgesetzt, das Wetter spielt mit, denn etwa die Hälfte der Plätze sind openair.

Kinder in Tivoli und Bakken

Fast alle Restaurants beider Parks sind sehr kinderfreundlich und bieten preiswerte Kinderteller für selten mehr als 50 DKK.

Tivoli hat gut ein Dutzend Fahrgeschäfte, auf denen kleinere Kinder allein fahren können, einen großen Spielplatz auf der Rathausseite des Parks, dazu Di–So dreimal im Laufe des Nachmittags Aufführungen im Kindertheater Valmuen nahe dem Haupteingang.

Auf **Bakken** eignet sich gut ein Drittel der etwa 40 Fahrgeschäfte auch für kleinere Kinder. Der Pjerrot (Vorstellungen tgl. 15, 16, 17 Uhr) verzaubert mit kleinen Tricks und Kunststückchen auch die Kleinsten, die dann von der täglichen Parade der Bakkentiere durch den Park zu ihrer Show auf der Openair-Bühne (16.30, Ferien auch 14.30 Uhr) gänzlich hingerissen sind.

Bakken (Nebenkarte)

Dyrehavevej 62, 2930 Klampenborg
Tel. 39 63 73 00, www.bakken.dk
Im Südteil des Jægersborg Dyrehave (s. S. 99), ca. 11 km nördl.; Mitte/Ende März bis Ende August. Geöffnet je nach Saisonperiode und Wochentag 12, 13 oder 14–24, So–Do in der Vorsaison bis 22 Uhr. Eintritt frei, Fahrge-

schäfte kostenpflichtig, Tageskarten für alle Fahrgeschäfte (Turbånd, ca. 200 DKK) lohnen sich ab ca. 10 Fahrten. Außer letzte Juniwoche und Juli sind mittwochs die Preise an vielen Fahrgeschäften und Lokalen herabgesetzt.
Ab S-Bahn Station Klampenborg 10 Min. zu Fuß oder Bus 388.
Mit einfacheren Restaurants und bierseligen Kneipen, Spiel- und Schießbuden, Theaterzelten und einer bunten Mischung von gut drei Dutzend Fahrgeschäften, bei denen jede Altersgruppe zum Zuge kommt, ist Bakken volkstümlicher, dänischer und auf jeden Fall 260 Jahre älter als das weltberühmte Tivoli. 1583 wurde die angeblich heilende Quelle ›Kirsten Piil Kilde‹ entdeckt und bald standen die ersten Buden dort – Keimzelle, auf die sich Bakken beruft, wenn Jubiläen zu feiern sind. Und auch bei den Besucherzahlen muss sich der Park im Grünen nicht verstecken: Rund zweieinhalb Millionen Menschen kamen in der Saison 2003.

Höhepunkt ist in jeder Hinsicht *Rutschebanen*, die 1932 eingeweihte Holzachterbahn. Sicher gibt es auf der Welt heute wildere und schnellere, aber die Dame kann trotz ihres pensionsreifen Alters mit beachtlichen Werten aufwarten: Knapp einen Kilometer geht es auf und ab, an der höchsten Stelle werden 22 m erreicht, und von dort geht es mit Tempo 75 wieder in die Tiefe.

Wer dänische Lebensart kennen lernen will, muss Bakken an einem lauen Sommertag erleben, verbunden mit einer Tour in den angrenzenden Wildpark Jægersborg Dyrehave (s. S. 99).

Ausgehen auf Bakken

Bakkens Hvile (Tel. 39 64 13 97), der Pavillon der Syngepiger, der singenden Frauen, bei deren Show (Do–Sa, Juni u. Aug. auch Di, Mi ca. 20–23 Uhr) sich jeder Rheinländer selbst im Hochsommer in seine fünfte Jahreszeit versetzt fühlt – aber alles sehr, sehr dänisch.
Ølgod (Tel. 39 63 29 53), ›Biergott‹, ist eine Art Oktoberfest-Bierzelt, aber nicht nur im Oktober, sondern den ganzen Sommer hindurch. Ständig Live-Musik mit wechselnden Orchestern.

Alle Restaurants lassen sich über www.bakken.dk ansurfen.
Bakkens Perle (Tel. 39 64 31 64) oberhalb der Holzachterbahn. Hier wird urdänisch gekocht und man wird satt (HG ca. 100–150, Frokost-Büfett ca. 100, Abendbüfett ca. 120 DKK).
Balkon 51 (Tel. 39 63 71 71) setzt auf das deftige Büfett (ab 99, mit Bier- oder Wein-Flatrate für 2 Std. 199 DKK) und bietet schöne Aussichten auf das Treiben im Park von den Plätzen auf dem Balkon.
Bøgely (Tel. 39 63 43 70) am Eingang gegenüber der Bakken Revue ist mit konservativer dänischer Küche bei älteren Besuchern beliebt. Alle Hauptgerichte (ca. 140–190 DKK) können mit 40 bzw. 70 DKK Aufschlag zu 2- oder 3-Gänge-Menüs aufgerüstet werden. Zum Frokost Kleinigkeiten ab ca. 40 DKK.
Hvide Hest (Tel. 39 63 40 50) bietet gute Plätze, wenn nebenan ein Konzert über die Openair-Bühne geht (HG ca. 100–200, Menüs ab ca. 150 DKK, viele Frokost-Gerichte unter 100 DKK).
Skovly (Tel. 39 63 61 85) bietet eine ähnlich gute Sicht auf die Bühne, dazu aber gehobene bürgerliche Küche (Frokost ca. 40–100 DKK, abends HG ca. 170–190 DKK).
Viking Steakhouse (Tel. 39 63 23 61) gleich neben der Bühne des Pjerrot bringt gigantische Steaks auf die Tische – da wird jeder Wikinger satt.

3

Highlight

Tivoli (F 6)

Vesterbrogade 3, 1630 Køb V
Tel. 33 15 10 01, www.tivoli.dk
Weitere Eingänge Bernstoffsgade (Hauptbahnhof) und Ecke Tietgensgade/H. C. Andersen Boulevard
Drei Saisonzeiten: Mitte April–2.Hälfte Sept. So–Do 11–23, Fr, Sa und Hochsaison tgl. bis 24 bzw. 0.30 Uhr; ›Halloween i Tivoli‹ dänische Herbstferien Mitte Okt. (immer Woche 42) tgl. 11–21 Uhr und ›Jul i Tivoli‹ (Weihnachtsmarkt) Mitte Nov.– Silvester. So–Do/Fr, Sa 11–22/23 Uhr. Eintritt ab 12 Jahre 85, 3–11 Jahre 45 DKK, Jahreskarte (mit zusätzlichen Rabatten, s. u. Turpas) 225/125 DKK; Fahrgeschäfte extra 15–60 DKK. Turpas für unbegrenztes Fahren auf allen Fahrgeschäften ab 12 Jahren 200, mit Jahreskarte 150, 3–11 Jahre 160/100 DKK.

Tivoli ist ein Stück Kopenhagen, ein dänisches Nationalsymbol, optisch jedoch ein exotischer Stilmix. Etwas Nordafrika erinnert an den in Algerien geborenen Diplomatensohn Georg Carstensen, der den Park 1843 gründete. Später kam viel Orient und Ferner Osten hinzu, aber kaum Dänemark. Das zeigt sich eigentlich nur im 1934 gebauten Færgekroen, dem Fährkrug am See. Typisch für die Vermischung der Kulturen ist das chinesisch anmutende Pfauentheater, auf dessen Bühne die italienische Commedia dell'Arte gepflegt wird.

Die Zahl der Glühlampen, die abends für eine einmalige Stimmung sorgen, wird mit 115 000 angegeben. Eigentlich egal, solange gilt: Null Neonröhren. Jeden Samstag, kurz bevor der Park schließt, gibt es ein Feuerwerk.

Tivoli ist Dänemarks meistbesuchte Attraktion. Mit über 160 Jahren Geschichte bietet es eher romantische Totalerlebnisse als wilde Fahrgeschäfte, obwohl auch dabei kräftig nachgerüstet wird: Seit 2004 rasen Besucher mit fast 80 km/h auf Dragon, dem Drachen, einer der modernsten und schrillsten Achterbahnen Europas, durch die Nordostecke des Parks, drei Loops inklusive. 2006 kam das höchste – 80 m – und eines der schnellsten – bis 70 km/h – Kettenkarussells der Welt hinzu, das Himmelschiff, das thematisch an Dänemarks großen Astronomen Tycho Brahe erinnert (s. S. 104).

Alle Restaurants lassen sich über www.tivoli.dk ansurfen.

Café Ketchup (Tel. 33 75 07 47) neben der Hauptbühne Plænen ist Ableger eines gleichnamigen Kultlokals in der City und brach das Eis für moderne Restaurantkonzepte im ehrwürdigen Park. Kochkunst will hier als Totaltheater zelebriert werden – zusehen kann man den Köchen auf jeden Fall. Frokost-Gerichte beginnen bei etwa 70 DKK, Gerichte direkt vom Grill (tgl. ca. 17–23 Uhr) bei knapp über 100 und HG auf der Abendkarte bei über 200 DKK.

Divan 2 (Tel. 33 75 07 50) oberhalb des Tivoli Sø ist das Flaggschiff der traditionellen Tivoli-Gastronomie und schon seit dem Gründungsjahr 1843 dabei – hier tragen die Kellner noch Smoking. Wer es sich bei Essen und Wein gut gehen lässt, zahlt leicht über 1000 DKK pro Person.

Fregatten Sct. Georg III (Tel. 33 15 92 04) auf dem Tivoli Sø ist wirklich eine Fregatte, ein Nachbau im Stil des 18. Jh., 27 m lang und 25 m von der Wasserlinie bis zur Mastspitze hoch. Plätze gibt es unter und auf Deck, die Kapitänskajüte ist besonders gemütlich, aber oft von kleinen Gesellschaften okkupiert. Die Küche ist dänisch, solide, die Karte übersichtlich – das ist schon allein der kleinen ›Kombüse‹ geschuldet. HG irgendwo zwischen 100 und 200 DKK.

Færgekroen Bryghus (Tel. 33 12 94 12) bietet von seinen Seeterrassen die romantischsten Blicke auf die Fregatte Sct. Georg III (s. o.) und den Kineseske Tårn (s. u.). Di–Sa spielt der Mann am Klavier Stimmungslieder für noch ein Bier. Das wird in einem Minibrauhaus direkt bebraut. Das Essen ist deftig, die große gebratene Scholle gibt's für ca. 190 DKK.

Hard Rock Café (Tel. 33 12 43 33, ganzjährig Zugang auch direkt von der Vesterbrogade 3): Die Küche ist wie in allen Läden der weltweiten Kult-Kette amerikanisch, und den obligatorischen Merchandising-Shop gibt's natürlich auch. HG ab ca. 100 DKK.

Det Kinesiske Tårn (Tel. 33 33 78 00), der ›Chinesische Turm‹, der eigentlich ein japanischer ist, dürfte das populärste Fotomotiv im Tivoli sein. Chinesische Küche, an den dänischen Volksgeschmack angepasst, dominiert, aber auch Schollenfilet mit Pommes und Remoulade steht auf der Karte. HG ab ca. 100 DKK, chinesisches Büfett ca. 150 DKK.

The Paul (Tel. 33 75 07 75) ist derzeit das angesagteste Gourmet-Restaurant im Park, von Kritikern aller Hauptstadtpostillen mit maximalen Auszeichnungen und vom Guide Michelin seit 2004 mit einem Stern bedacht. Dafür kostet ein Gourmet-Menu inkl. passenden Weinen deutlich über 1000 DKK, aber wer hier einkehrt, fragt nicht nach dem Preis.

Valhal (Tel. 33 75 07 40): Trotz Wikinger Ambiente schaut die Küche nach Amerika: Burger und Spareribs sind Spezialitäten (ab ca. 100 DKK). Die Balkonplätze mit Blick auf die Openair-Bühne des Tivoli sind vor allem zum Freitagsrock (s. u.) heiß begehrt, dann kann man sie mit Büfett-Arrangement buchen.

»Der kleine Rasmus sucht seinen Papa!«

Im Tivoli wie anderswo, wo Kinder im Gewühl verloren gehen können, hat der skandinavische Pragmatismus ein einfaches wie wirkungsvolles Wiederfindungssystem entwickelt: Eltern schreiben den Kindern die Nummer ihres Mobiltelefons auf den Arm oder auf einen Anhänger sichtbar irgendwo an der Kleidung. Kommt der Nachwuchs im Gewühl verloren, rufen Sie Tivoli-Angestellte oder andere mitfühlsame Zeitgenossen an.

Konzertreihen

Tivoli Rock, Plænen (Openair-Bühne). In der Saison jeden Freitag ab 22 Uhr zum normalen Tivoli-Eintritt. Meist stehen skandinavische Musiker auf der Bühne, manchmal auch internationale Stars, so lockte im Juni 2001 Sting 60 000 Besucher in den Park.

Tivoli Konzerte, Tivoli Konzertsaal. Etwa 90–100 Klassikkonzerte, gelegentlich auch Ballett. Die meisten Konzerte bestreitet das ›Tivolis Symfoniorkester‹ gern unter Leitung bekannter Gastdirigenten und verstärkt durch internationale Solisten. Die meisten Konzerte fallen in die Tivoli-Saison, knapp die Hälfte davon zum normalen Parkeintritt, bei bekannten Namen gibt es Aufschläge. Viele Tivoli-Restaurants bieten spezielle Arrangements mit Menü plus Konzert ab 250 DKK.

Unterhaltung

Der Sankt Hans Aften wird am Strand von Charlottenlund gefeiert

Gewusst wo und wann

Openair-Konzerte in Parks oder an den Stränden der Vororte gehören zu jedem Kopenhagener Sommer. Infos über Orte und Termine bringen das touristische Monatsmagazin ›Copenhagen this week‹ (meist Hochkultur und Mainstream), die jeden Freitag erscheinende ›Copenhagen Post‹ (etablierte Szene bis Hochkultur; s. beide S. 20) sowie tagesaktuell, aber leider nur auf Dänisch, die Internetportale www.aok.dk und www.kulturnaut.dk (s. beide S. 5). Langfristige Hinweise auf größere Events bieten zudem die offiziellen Portale www.visitdenmark.com und www.visitcopenhagen.dk (s. beide S. 5).

Munterer Kultursommer

Während Institutionen wie Det Kongelige Teater oder Operaen København im Hochsommer Spielpause haben, machen Festivals den Kultursommer der Stadt attraktiv, so das Copenhagen Jazz Festival im Juli, das an die große Tradition Kopenhagens als europäische Jazzmetropole anknüpft. Darüber hinaus füllen regelmäßig Tanz, Kulturen fremder Völker oder auch das Goldene Zeitalter der dänischen Kultur im 19. Jh. Festivalprogramme. Bei Sprechtheater und Musicals ist die Sprache zwar eine Barriere, nicht jedoch beim hochklassigen Ballett und Tanztheater, für das Kopenhagen seit Jahrzehnten bekannt ist.

Cineastische Tradition

Die Stadt am Øresund kann zudem eine Kinodichte wie kaum eine andere in Europa vorweisen. Rund um Rådhuspladsen (F 6) und Axeltorv (E 6) sind die meisten Mainstream-Kinos zu finden, in der Shoppingmall Fisketorvet (E 8) zudem ein CinemaxX. Daneben pflegen zahlreiche Programmkinos, die Cinemathek im Haus des Films und vier Filmfestivals mit engagierten Programmen die Filmkunst, die tief verwurzelt ist – immerhin war Kopenhagen zu Stummfilmzeiten eine Hochburg der europäischen Filmproduktion, nur von Paris übertroffen. Und zur Freude der Cineasten, die das Original einer synchronisierten Fassung vorziehen: Fast alle Filme laufen unsynchronisiert nur mit dänischen Untertiteln.

Tivoli und Bakken

Alle Formen von Kultur und Unterhaltung, von Kabarett bis Klassik, bieten die beiden Vergnügungsparks der Stadt. Tivoli hat sicher das anspruchsvollere Programm, u. a. mit einer hochkarätig besetzten Klassikreihe im Konzertsaal, während auf den Bakken-Bühnen Volkstümliches geboten wird. Siehe mehr dazu ab S. 64–67.

Feste & Festivals

NatFilm Festivalen

Jährl., ca. 14 Tage im März/April, viele Kinos in Kopenhagen, Infos Ende Feb., Tel. 33 12 00 05, www.natfilm.dk
Das größte dänische Filmfestival zeigt ein breites Spektrum von Hollywood-Produktionen bis zu jungen europäischen und vielen asiatischen und indischen Filmen. Gespielt wird längst nicht mehr nur in Nachtstunden, wie der aus den Anfangsjahren stammende Name ›NachtFilm Festival‹ ahnen lässt.

Tag der Arbeit

Am 1. Mai ab mittags politische Kundgebungen und anschließend Kulturfeste im Fælledparken (s. S. 99).

Københavns Pinsekarneval (Pfingstkarneval)

Jährl., Pfingsten (2006 zum 25. Mal), Fælledparken (s. S. 99), Info: Tel. 35 38 85 04, www.karneval.dk
Karneval der Kulturen mit fantasievollen Kostümen, viel Samba, wenig Humbatäterä und rund 100 000 Besuchern. Tgl. 11–17 Uhr Kinderprogramm.

Bournonville Festival (Ballett)

In Erinnerung an den Gründer und bedeutendsten Ballettmeister des weltberühmten Königlichen Balletts, August Bournonville (1805–1879), organisiert das Königliche Theater (s. S. 72) in unregelmäßigen Abständen groß angelegte Ballett-Festivals, gern wenn sich dazu ein Jahrestag anbietet, zuletzt 2005 zum 200. Geburtstag des Meisters. Aktuelles: www.bournonvillefestival.dk

Sankt Hans Aften

Dänen feiern kein Mittsommer sondern den Abend vor Johannis, den Skt. Hans Aften, am 23. Juni, gern am Meer mit viel Gesang und einem großen Feuer, in dem traditionell eine Hexenpuppe verbrannt wird. Älteres Publikum füllt den Frederiksberg Have (s. S. 98), Familiär geht`s am Charlottenlund Strand (s. S. 74) zu, während am Amager Strandpark (s. S. 74) Partystimmung aufkommt.

Hamlet Sommer

Irgendwie kommt Shakespeares Hamlet fast jeden Sommer in oder an Schloss Kronborg in Helsingør (s. S. 103) auf die Bühne. Das können spektakuläre Open-Air-Inszenierungen, Kammerspiele im Rittersaal oder Puppentheater sein: www.hamletsom mer.dk hat die Details.

København Internationale Teater (KIT)

Das KIT bildet das organisatorische Dach für sommerliche Kultur-Events mit Tanz, Theater oder künstlerischem Zirkus, oft zu Festivals gebündelt. Aktuelles Programm auf www.kit.dk.

Roskilde Festival

Jährl. Ende Juni/Anfang Juli (2008: 3.–6.7, 2009: 2.–5.7., 2010: 1.–4.7.)

Ticketservice

Für Veranstaltungen aller Art:
BILLETnet, Tel. 70 15 65 65, www.billetnet.dk. Verkaufsstellen u. a. in allen Post-Shops.
Für eigene Veranstaltungen:
Tivolis Billetcentre (E 6), Vesterbrogade 3, 1630 Køb. V, Tel. 33 15 10 12, www.tivoli.dk;
Det Kongelige Teater Billetcenter (G 5) (auch für Oper) August Bournonville Passage 1, 1055 Køb K, Tel. 33 69 69 69, www.kgl-teater.dk, Mo–Sa 14–20 Uhr.

in Roskilde (s. S. 103), ca. 40 km südl. Kopenhagen. Programm und Vorverkaufsstellen europaweit auf www.roskilde-festival.dk; halboffizielle Seite auf Deutsch www.roskilde-festival.de
Eines der weltweit besten Rockfestivals findet 2010 zum 40. Mal in Folge statt. 150–200 Bands und Solisten spielen auf sechs Bühnen von Donnerstagmittag bis in den frühen Montagmorgen. Auf dem Campingareal beginnt am Montag zuvor ein Vorprogramm mit Newcomer Bands. So professionell die Organisation auch ist, der Veranstalter ist gemeinnützig – Gewinne fließen vorrangig in Jugendarbeit. Alle Verpflegungsstände werden von ebenfalls gemeinnützigen Vereinen und Organisationen betrieben, wohl deshalb liegen die Preise unter denen anderer Groß-Festivals. In Punkto Sicherheit gilt Roskilde weltweit als vorbildlich. Die rund 75 000 Tickets – in der Regel vor Beginn ausverkauft – kosten (2008) 1650 DKK/220 € plus Gebühren (zum Sonntag auf Roskilde s. Kasten S. 71!).

Copenhagen Jazz Festival

Jährl., ca. 10 Tage in der 1. Julihälfte
www.jazzfestival.dk
Kopenhagen jazzt zehn Tage auf Plätzen, in Parks und in allen Clubs, die etwas mit Jazz am Hut haben – viele Openair-Konzerte sind gratis. ›Børnejazz‹ ist ein spezielles Programm für Kinder im Kongens Have. In den letzten 3 bis 4 Wochen vor dem Festival sollten Jazzfans Kopenhagen jedoch meiden, dann liegt die Szene brach und wartet.

Golden Days in Copenhagen

Biennal; gerade Jahre; ca. 3 Wochen im Sept., www.goldendays.dk
Historisches Kulturfestival. Ursprünglich auf das Goldene Zeitalter der dänischen Kunst im 19. Jh. beschränkt, widmet es sich inzwischen jeweils einer Epoche oder Kulturströmung, die in Dänemark bzw. Kopenhagen deutliche Spuren hinterließ, so die 1920er- und 30er-Jahre im 2008er Festival. Ausstellungen ab Sommer, das Hauptprogramm mit Ballett, Theater, Konzerten und Lesungen im September.

Woodstock ist Legende, Roskilde seit fast 40 Jahren legendär gut

Copenhagen Pride Parade

Jährl., Mitte August
www.copenhagen-pride.dk
Zum Abschluss einer schwul-lesbischen Kultur- und Aktionswoche zieht die Copenhagen Pride Parade durch die Stadt und endet mit einer Kundgebung und einem Fest auf einem zentralen Platz, zuletzt immer der am Rathaus.

Copenhagen Film Festival

www.copenhagenfilmfestival.com
Das noch junge Wettbewerbs-Festival vergibt den ›Goldenen Schwan‹ und hat sich dem europäischen/skandinavischen Film verschrieben. Es wird neu aufgestellt und 2009 wieder veranstaltet. Das unter gleicher Regie stehende Kinder- und Jugendfilmfestival **Buster** (www.buster.dk) findet vorerst weiter in der 2. Septemberhälfte statt.

Gay & Lesbian Film Festival

Jährl., ca. 10 Tage im Okt.
www.cglff.dk
Das Dänische Filminstitut steht hinter dem ältesten Kopenhagener Filmfestival, das sich dem schwul-lesbischen Film widmet und seit 2002 Wettbewerbs-Festival ist. Die meisten Filme laufen in der Cinemateket (s. Spalte rechts), ein paar in anderen Programmkinos.

Copenhagen International Documentary Festival

Jährl., ca. 10 Tage, 1. Hälfte Nov.
www.cphdox.dk
Dieses Wettbewerbs-Festival mit Dokumentarfilmen aus aller Welt, in dessen Rahmen der angesehene Amnesty Award von Amnesty International vergeben wird, war schon bei seiner Premiere im Jahr 2003 ein überraschender Publikumserfolg. Die Filme laufen in verschiedenen Programmkinos der Stadt.

Sonntag auf Roskilde

Das Roskilde Festival (s. S. 69) hat am Sonntag seinen Familientag, den viele ›locals‹ aller Altersstufen zu einem Bummel über den Fest(ival)platz nutzen. Besucher über 60 und unter 10 haben freien Eintritt, 10–14-Jährige zahlen 300, 16–59-Jährige 750 DKK. Dafür kann man von 12 Uhr bis lange nach Mitternacht noch zwei bis drei Dutzend Auftritte erleben, darunter mindestens ein oder zwei international bekannte Namen sowie einen Lokalmatador in der Spielklasse eines dänischen Grönemeyer.

Kino

Preise je nach Tageszeit und Wochentag 50–100 DKK (6,75–13,50 €).

Cinemateket (G 5)

Gothersgade 55, 1123 Køb K
Tel. 33 74 34 12, www.cinemateket.dk
Die Cinemathek des Dänischen Filminstitut zeigt mit Retrospektiven und Themenreihen das am wenigsten vom Kommerz geprägte Programm. Viele Vorstellungen sind gratis, u. a. Dokumentar- und Kinderfilme, sonst 55 DKK.

Dagmar (F 6)

Jernbanegade 2, 1608 Køb V
Tel. 33 14 32 22, www.dagmar.dk
5-Säle-Filmkunstpalast am Rathausplatz mit anspruchsvollen europäischen und amerikanischen Filmen am Rande des Mainstream, aber nichts Experimentellem. Tradition verpflichtet: Carl Th. Dreyer, von den 1920ern bis in die 1960er einer der bedeutendsten europäischen Regisseure und Vorbild des derzeit

wichtigsten dänischen Filmemachers Lars von Trier, arbeitete viele Jahre als künstlerischer Leiter für das Dagmar.

Empire Bio (D 3)

Guldbergsgade 29 F, 2200 Køb N
Tel. 35 36 00 36, www.empirebio.dk
Bestellung tgl. 12–19 u. 20–22 Uhr
Kinoliebhaber haben im Szeneviertel Nørrebro ein Kino mit überdurchschnittlicher Ausstattung für cineastische Genüsse geschaffen – Blockbuster und Filmkunst füllen das Programm.

Grand (F 6)

Mikkel Bryggersgade 8, 1460 Køb K
Tel. 33 15 16 11, www.grandteatret.dk
Ein großes Haus mit sechs Kinosälen und anspruchsvollem Programm, eine Minute vom Rathausplatz; Schwerpunkt ist europäischer Film. Lobenswert in heutiger Zeit: Gute Filme laufen oft Monate.

Vester Vov Vov (D 6)

Absalonsgade 5, 1658 Køb V
Tel. 33 24 42 00, www.vestervovvov.dk
Kleines Kino mit sehr ambitioniertem Programm und gutem Café.

Last-minute Theater

Restplätze für nicht ausverkaufte Aufführungen Kopenhagener Bühnen verkauft am Tag der Veranstaltung ›Tivoli Billetcenter‹ zum halben Preis. Mit gleichem Rabatt verkauft ›Det Kongelige Teater Billetcenter‹ Resttickets für seine Nachmittagsvorstellungen 1 Std. vor Beginn, für Abendvorstellungen des selben Tages ab 17 Uhr (Adressen s. S. 69).

Theater, Tanz, Oper

Det Kongelige Teater (G 5)

Kongens Nytorv, 1055 Køb K
Tel. 33 69 69 69
www.kgl-teater.dk
Die Hauptbühne im Stammhaus der wichtigsten dänischen Bühneninstitution stammt von 1874 und ist nicht mehr ganz auf dem technischen Stand der Zeit. So bekam das Traditionshaus zwei neue Spielstätten: In der imposanten ›Operaen København‹ (J 5; www.operahus.dk) am Hafen ging Anfang 2005 der Vorhang auf, im Februar 2008 folgte das neue Schauspielhaus (H 5; www.skuespilhus.dk) mit drei Bühnen. Die Gamle Szene, die alte Bühne, mit ihrem prachtvollen Theaterraum am Kongens Nytorv, wird für spezielle Aufführungen aber weiter genutzt.

Det Ny Teater (D 6)

Gammel Kongevej 29, 1610 Køb V
Tel. 33 25 50 75, www.detnyteater.dk
Das Gebäude schön plüschig und mit viel Stuck, das Programm große Operetten- und Musicalproduktionen – das 1000-Plätze-Haus lebt ohne Subventionen. Im Restaurant Teaterkælderen unter Det Ny Teater geht die Inszenierung weiter, der Service der Kellner wird zum Auftritt (Tel. 33 25 75 00, Di–So 17–24 Uhr, Menüs nach der Vorstellung ca. 150 DKK, sonst ab 270 DKK).

Dansescenen (F 1)

Øster Fælled Torv 34, 2100 Køb Ø
Ticket-Hot-Line 35 43 20 21 (Mo–Fr 17–19 Uhr)
www.dansescenen.dk
Eine Adressen für moderne Bühnenkunst auf hohem Niveau: Dansescenen sieht seinen Schwerpunkt in zeitgenössischem Tanztheater.

Unterwegs mit Kindern

In Dänemark sind Kinder überall willkommen, stillende Mütter gehören zum Alltagsbild und sogar in ehrwürdigen Museumshallen begegnet man Kindergartengruppen – solche Besuche gehören früh zum Leben kleiner Dänen.

Ungewohnt in Notfällen: Es gibt keine Kinderärzte, Allgemeinmediziner fungieren als Familienärzte.

Sightseeing: An die Kleinsten wendet sich das Marionettentheater im Kongens Have (s. S. 97), wo es auch einen der schönsten öffentlichen Spielplätze gibt. Ältere Kinder und Jugendliche sind Zielgruppe des Experimentarium in Hellerup (s. S. 95). Einige klassische Museen haben spezielle Kinderabteilungen, so das Nationalmuseum (s. S. 91), die Nationale Kunstgalerie (s. S. 93), die Wikingerschiffshalle in Roskilde (s. S. 104) und das Kunstmuseum Louisiana (s. S. 94). In den Vergnügungsparks Tivoli (s. S. 66) und Bakken (s. S. 64) kommt zwischen Babykarussel und Achterbahn jede Altersstufe auf ihre Kosten. Dabei lässt sich ein Besuch im Bakken gut mit einer Tour in Jægersborg Dyrehave (s. S. 99) oder mit einem Bad am Bellevue Strandpark (s. S. 74) verknüpfen. Klassische Familienziele sind der Zoo (s. S. 98) und das strandnahe Danmarks Aquarium (s. S. 95). Die Pseudo-Museen Guinness World of Records Museum, Ripley's Believe it or not museum und The Mystic Exploratorium (alle drei s. S. 97) bemühen sich in ihrer Werbung um junge Gäste und bestimmt fühlen sich Teens von Szenarien aus der Film-, Comic-, Grusel- oder Absurditäten-Welt angesprochen, aber kleinere Kinder werden von schrillen Szene eher verschreckt.

Veranstaltungen: Mit dem Pfingstkarneval (s. S. 69) und dem Copenhagen Jazz Festival (s. S. 70) bieten zwei Events umfangreiche Kinderprogramme.

Kosten für Kinder: Höchst unterschiedlich sind Preise, die für Kinder – bis 12, 14 oder 16 Jahre, darüber Schüler-/Studentenrabatt – zu zahlen sind. Beim Transport kosten Fahrten in der Regel die Hälfte. Im öffentlichen Nahverkehr kann ein Erwachsener 2 Kinder unter 12 Jahren kostenlos mitnehmen. Außerdem sind viele Museen für alle unter 18 Jahren gratis (s. S. 90). Selten zahlen Kinder 50 oder mehr Prozent des Preises für Erwachsene, ausgenommen bei Attraktionen, die sich speziell an sie wenden. Einige Attraktionen bieten Familientickets für 2 Erw. plus 2, 3 oder 4 Kinder.

Wohnen und Essen mit Kindern: Neben Extrabetten bieten einige Hotels und alle Herbergen Mehrbett-Familienzimmer (s. S. 29). Preiswert, originell und bei Kindern wegen ihrer verschachtelten Hochbetten beliebt sind die in den Cab Inn Hotels. Kinderstühle sind in Restaurants meist vorhanden, viele haben Kinderteller auf der Karte, andere bieten halbe Portionen zum halben Preis. Im Pølser-Land Dänemark ist der Kinderwunsch Würstchen mit Pommes fast überall zu erfüllen und oft gibt's Ketchup und Remoulade gratis. Bei dänischen Kindern ist Jensens Bøfhus (s. S. 45) wegen des Softeisbüfetts mindestens so populär wie die globalen Burgerketten, die auch nicht fehlen.

Einkaufen für Kinder: Windeln und Pflegemittel führt jeder Supermarkt, ebenso Gläschen mit Fertiggerichten, diese jedoch nicht in ganz so breiter Vielfalt wie z. B. in Deutschland. Hervorragend ist die Versorgung in normalen Geschäften mit Molkereiwaren, Obst, Gemüse und Fleisch aus kontrollierter Öko-Landwirtschaft *(økologisk)*.

Aktiv in Kopenhagen

Am Bellevue Strandpark

Der Kopenhagener joggt um seine ›søer‹, die Seen im Westen der City, frönt dem Volkssport Golf in Nordseeland, angelt und segelt auf dem Øresund und hat schmucke Strände vor der Tür, denn seine Stadt ist auch Seebad. Zwei Badeanstalten sind sogar in den Hafen hineingebaut, gratis, erfrischend, zentral. Und im Hafenwasser paddeln immer häufiger Kajakfahrer vor den Kais entlang und durch die Seitenkanäle.

Baden

Amager Strandpark

(5 km östl.; Nebenkarte)
Bus 12, Metro bis Amager Strand
200 Mio. Kronen ließ die öffentliche Hand für diese moderne Strandwelt springen, die bis zu 40 000 Besucher pro Tag verkraften kann. Dafür wurde eine 400 m breite Insel mit gut 2 km Sandstrand zum Øresund hin künstlich angelegt. Dazu Promenade, Parks, Dünen und zwischen Insel und alter Küstenlinie eine Lagune als Wassersportrevier für jedermann. Die Grünanlagen dienen zudem gern für Openair-Konzerte und Skt. Hans Feste (s. S. 69). Am Nordrand entsteht bis 2009 eine Ikone des Kopenhagener Badelebens neu: **Helgoland Søbadeanstalt** stand schon von 1913–2004 auf dicken Pfosten vor der alten Küste im Meer mit FKK-Abteilungen für Herren und Damen und war Heimstatt abgehärteter Winterbader. Mit dem schneckenförmigen **Kastrup Søbad** (Juni–Mitte Sept. bewacht; gratis) nur knapp 500 m südlich des Amager Strandparks gibt es noch eine architektonisch außergewöhnliche Badeplattform – ihr Vorteil gegenüber dem flachen Strand: Hier springt man gleich in bis zu 4 m tiefes Wasser.

Bellevue Strand

(11 km nördl. H 1; Nebenkarte)
Klampenborg, S- und Küstenbahn-Station Klampenborg, Bus 14
Der Volksmund vergleicht Kopenhagens populärstes Strandbad mit *fluepapir*, Klebestreifen-Fliegenfängern. Bellevue Strandpark ist an warmen Tagen Pilgerziel von Schülercliquen, bodygebildeten Schönlingen, figurbetonenden Meerfrauen, Spannern und Exhibitionisten, aber auch von Familien, die auf dem Rasen hinter dem Sandstrand den Einmalgrill anwerfen und picknicken. Der nördliche Abschnitt ist inoffizieller FKK-Strand, im südlichen gibt's Felder für Beach-Volleyball.

Charlottenlund Strandpark mit Charlottenlund Søbad

(6 km nördl. H1; Nebenkarte)
Charlottenlund, S-Bahn-Station Char-

lottenlund, Bus 14; wenige Park-, aber viele Fahrradstellplätze
Der Sandstrand ist schmal, die Grasfläche dahinter jedoch groß. Alles ist ruhiger und familiärer als am Bellevue Strand (s. o.). Wer Ruhe sucht, zahlt trotzdem gern ein paar Kronen im **Charlottenlund Søbad** (Juni–Aug. tgl. 9–19 Uhr, Erw. 20, Kinder 10 DKK), das wenige Meter vor dem Ufer im Wasser steht. Hier gibt es eine Herren- und eine Damenabteilung für Nacktbader, im Gemeinschaftsteil ist Kleidung indes Pflicht. Alles wirkt sehr sauber, gesittet und unter strenger Bademeister-Aufsicht.

Ishøj Strandparken

(17 km südl.; Nebenkarte)
Ishøj, S-Bahn-Station Ishøj, ab dort Bus 128; viele Parkplätze
Dünen, weißer Sand – fast könnte man sich an Kattegat oder gar Nordsee wähnen, wäre nicht Kopenhagens Silhouette am Horizont unübersehbar. Direkt hinter dem Strand das Kunstmuseum Arken (s. S. 93).

Kattegatküste

(40–50 km nördl.; Nebenkarte)
Verbindungen mit S-, DSB-Regional-, Privatbahnen (s. Nebenkarte)
Über 50 km Küste liegen zwischen Hundested im Westen und Helsingør im Osten, lange Abschnitte mit Dünen und Sandstrand – leicht erreichbar die Strände von Gilleleje und Tisvildeleje.

Københavns Havnebad …

… Islands Brygge Havneparken (G 9), südl. Langebro im Viertel Islands Brygge, Bus 12, 40;
… Copencabana (E 8), an der Shoppingmall Fisketorvet, Bus 30, 65E.
Das Wasser im Kopenhagener Hafen soll so sauber wie im Øresund sein, also baute die Stadt die beiden Hafenbadeanstalten mit verschiedenen Becken – auch für Kinder – und Sprunganlagen. (Beide Juni–Aug. tgl. ca. 11–19 Uhr; gratis).

Vandkulturhuset (E 7)

Tietgensgade 65, 1704 Køb K
Tel. 33 29 80 90, www.dgi-byen.dk

Sport-Highlights

Copenhagen Marathon: Mitte Mai (2009 zum 30. Mal) findet ein hoch dotierter Stadtmarathon statt. Info: www.copenhagenmarathon.dk; Startgebühr 525, bei Last-Minute-Anmeldung 575 DKK.
Sjælland rundt (Segeln): In der zweiten Junihälfte (2006 zum 60. Mal) gehen mehrere hundert Boote (Rekord 2200) zum Segelklassiker rund um Seeland auf die Reise. Für die Standard-Routen von rund 200 Seemeilen liegt der Streckenrekord bei etwa 22 Std. Info: www.sjaellandrundt.dk, Anmeldung Helsingør Amatør Sejlklub, Strandpromenaden 6, 3000 Helsingør, Tel. 49 21 15 67; Startgebühr 800 DKK.
Sjælland rundt/Sjælland På Tværs (Radfahren): Am frühen Morgen des ersten Julisonntags (2009 zum 30. Mal) steigen in Køge, einer Kleinstadt südlich von Kopenhagen, annähernd 2000 Radfahrer aus ganz Europa zu Dänemarks größtem Volksradrennen in den Sattel. Die total fitten strampeln rund um Seeland (ca. 300 km, Startgebühr je früher gemeldet, desto billiger 595–695 DKK), die einfach fitten quer durch Seeland (187 km, 395–495 DKK). Infos: Tel. 56 66 22 40, Fax 56 63 20 85; www.sjael land-rundt.dk bzw. www.sjaellandpaatvaers.dk (deutsche Kurzfassung).

Mo–Do/Fr 6.30–24/21, Sa/So 9–21/18 Uhr. 2–14 Jahre/Rentner 35, ab 15 Jahre 55, vor 9 Uhr 22/35 DKK.
Kern des modernen Spaßbades ist eine elipsenförmige 100-Meter-Bahn und auch sonst ist vielles anders, als man es von normalen Schwimmbädern kennt.

Golf

Rund 35 Golfplätze zählt der Großraum Kopenhagen, die schönsten liegen im ›reichen‹ Norden der Hauptstadt, darunter:

Københavns Golf Klub

(14 km nördl., Nebenkarte)
Dyrehave, 2800 Lyngby
Tel. 39 63 04 83, www.kgkgolf.dk
Mo, Do 8–15, Fr ab 10.30, Sa, So ab 13 Uhr; Greenfee 375 DKK, Fr–So 450 DKK, 1. Nov.–31. März 250/300 DKK, HCP-Beschränkung max. 32,5.
Skandinaviens ältester Golf-Club hat über 100 Jahre auf dem Grün neben dem königlichen Jagdschloss Eremitagen. Das Gras im Jægersborg Dyrehave (s. S. 99) müssen sich die Golfer mit 2000 frei laufenden Hirschen teilen.

Joggen & Fitness

Außer in ihren Parks laufen Kopenhagens Jogger gern um die Seen im Westen der City (E/F 2–6). Am Wasser direkt läuft man auf Schotter, am Westufer gibt es eine asphaltierte, weitgehend autofreie Promenade. Die längste Runde (ca. 1,7 km) läuft man am nördlichen Sortedams Sø.

Laufenthusiasten bieten ganzjährig ›geführte‹ Joggingrunden unter touristischen Themen wie ›Königliche Tour‹ oder zur Erkundung von Stadtvierteln wie Christianshavn, Nørrebro (beide S. 81) oder Frederiksberg (S. 82). Start/Ziel sind jeweils zentrale Metro-Stationen:

Kajak-Revier Kopenhagener Hafen

Joggingtours.dk, www.jogging tours. dk, Tel. 61 60 69 67, 70 DKK für ca. 7 km/1 Std.
Spielt das Wetter nicht mit, bleibt noch das Studio.

Die Kette S.A.T.S. (www.sats.com) bietet im Großraum Kopenhagen mit rund einem Dutzend die meisten **Fitness-Studios,** problemlosen Zugang für Gäste und einen zuverlässigen Standard bei Sauberkeit und Geräten bei einer Tagesgebühr von ca. 150 DKK. Günstig für die City liegen:

S.A.T.S. Baron Boltens Gård (G 5), Gothersgade 8F, 1123 Køb K, Tel. 33 93 33 95, Mo–Do/Fr 6–21.30/20, Sa/So 9–17/18 Uhr

S.A.T.S. Parken (F 1), Øster Allé 42, 2100 Køb Ø, Tel. 35 55 00 78, Mo–Do/Fr 6–23/21, Sa/So 8–18/19 Uhr.

Kajak & Kanu

… im Kopenhagener Hafen

Copenhagen Adventure Centre: Kajak-Hafentouren ab Christianshavns Kanal Strandgade 50 (H6), 1401 Køb K, Tel. (mob.) 40 50 40 06, www.kajakole.dk
Touren von 1,5 bis 3 Std. Dauer mit dem Kajak, u. a. durch die Kanäle von Christianshavn oder zur Meerjungfrau (245–345 DKK). Verpflegungsstopps können arrangiert werden, zu besonderen Terminen auch Nachtfahrten.

… an Seen im Nordwesten

Frederiksdal Kano- og Bådudlejning (15 km nordwestl.; Nebenkarte): Nybrovej 520, 2800 Lyngby-Frederiksdal (an Schleuse Mølleåen/Furesø), Tel. 45 85 67 70, www.frdal.dk;
Nybro Bådudlejning (13 km nordwestl.; Nebenkarte): Nybrovej 384, 2800 Lyngby (am Durchfluss zwischen Bagsværd- und Lyngbysø), Tel. 45 87 39 19, 28 14 39 19, www.nybrokano.dk;
Anfahrt zu beiden: Bus 191 ab S-Bahn-Station Lyngby.
Die Seen nordwestlich von Kopenhagen und das Flüsschen Mølleåen bilden ein weitläufiges Bootsrevier. Die Saison geht von Anfang April bis in den September hinein. Das Ausstellungshaus Sophienholm (s. S. 95), das volkskundliche Museum Sorgenfri (s. S. 96) und die Abteilung des Nationalmuseums in Brede können angelaufen werden. Kanus und Ruderboote für 2–6 Pers. ab 100 DKK/Std., 270–320 DKK/Tag, Bootsreservierung ist an Wochenenden dringend zu empfehlen.

Unter Segeln nach Kopenhagen

Wer sich Kopenhagen unter Segeln nähert, bekommt nur mit Glück gleich neben der kleinen Meerjungfrau im Lystbådehavn (J2) des Kongelig Dansk Yacht Klub einen Liegeplatz. Leichter ist es in der Marina von Svanemøllen mit über 1000 Liegeplätzen, stadtnah und gut mit öffentlichen Verkehrsmitteln an die City angebunden. Drei Kopenhagener Yacht Clubs haben hier ihren Heimathafen, alle besitzen eigene Clubhäuser mit preiswerten Restaurants, in denen Gastsegler willkommen sind.
Svanemøllehavnen (nördl. H1). Von See: 55° 43,0 Nord, 12° 35,4 Ost; von Land: Strandvænget 43, 2100 Østerbro, Tel. 39 20 22 21, www.smhavn.dk, S-Bahn-Station Svanemøllen ca. 500 m. Liegegebühren im Sommer 100–240 DKK/Tag, im Winter 55 DKK/Tag.

Sehenswert

Michelangelos David vor Den Kongelige Afstøbningssamling

Indre By – das alte Zentrum

›Indre By‹ nennen Kopenhagener den Kern ihrer Stadt. Er wurde im 18. Jh. neu vermessen und in Vierteln, ›Kvarter‹, kartographisch erfasst. Neben den dabei entstandenen ›offiziellen‹, aber heute nur noch bedingt präsenten Kvarter Bezeichnungen erlangten historisch gewachsene Namen wie ›Latiner Kvater‹ für das alte Univiertel einen weit höheren Bekanntheitsgrad.

In diesem Zentrum und seiner unmittelbaren Peripherie finden sich in einem Umkreis, der bequem zu Fuß zu bewältigen ist, die wichtigsten Museen, Schlösser und Kirchen. Auch die Konsummeilen Strøget und Købmagergade gehören zum Standard-Sightseeing-Programm, ebenso der malerische Nyhavn, Kopenhagens längste Theke, oder der Gråbrødretorv, umstellt von herausgeputzten Bürgerhäusern aus dem 18. und 19. Jh., in denen viele Restaurants ihre Gäste verwöhnen – das Esszimmer der City. Mitten auf dem Platz befinden sich Bänke unter der Schatten spendenden Platane für Augenblicke der Rast. Sonst kann man zum Entspannen, Sonnen, Spielen oder Sporttreiben den Ring von Parks und Gärten ansteuern, der die Altstadt umschließt.

Wer keine Lust hat, selbst zu laufen, kutschiert in einem Fahrradtaxi (s. Kasten S. 79) von Attraktion zu Attraktion oder fährt mit den Doppeldeckerbussen von Open Top Tours (s. S. 25) zu allem, was man sehen sollte.

Wege zu den Attraktionen

Einen weiteren Ring um das alte Kopenhagen bilden die jüngeren Brückenviertel, die Besuchern viel Milieu und Szene, aber wenig klassisches Sightseeing bieten. Ausnahme ist Christianshavn, das malerische Viertel auf der Ostseite des Hafens, ein Retortenviertel aus der Renaissance, das heute älter wirkt als die Altstadt, weil es von den großen Stadtbränden des 18. und 19. Jh. verschont blieb. Das ›Amsterdamer‹ Flair von Christianshavn erschließen Rundfahrtenboote, die durch Hafen und Kanäle schippern (s. S. 25).

Für maritimes Sightseeing kann man zudem Hafenbusse (s. S. 24) nutzen, die Kopenhagens öffentlichen Nahverkehr aufs Wasser ausdehnen. Dessen Nutzung ist dank spezieller Touristentickets kinderleicht. Und das hervorragend geknüpfte Netz von Bussen, Metro, S- und Regionalbahnen bietet Sightseeingoptionen bis weit ins Umland hinein, wo einige Attraktionen von Weltrang liegen, wie der Dom von Roskilde (s. S. 103), Schloss Kronborg in Helsingør (s. S. 102) und das Louisiana (s. S. 94), eines der angesehensten Museen für moderne Kunst in Europa.

Stadtviertel

Snarens Kvarter (F 6–G 5)

In Kopenhagens Keimzelle stehen einige der ältesten Häuser der Innenstadt, etliche davon auf ›aufgeschissenem‹ Grund: Namen wie Magstræde und Hyskenstræde stammen von Bedürfnisanstalten im späten Mittelalter, ›mag‹ oder Umgangssprachlich *›hüsken‹*, Häuschen, genannt, die auf kleinen Holzbrücken in den damals recht breiten Sund zwischen Festland und Slotsholmen hineingebaut waren.

Wie ein Bypass zur parallelen, ewig überfüllten Strøget (s. S. 84), durchzieht die verkehrsberuhigte Strædet (s. S. 84) mit Shops, Cafés und Kneipen am Rande des Mainstream Snarens Kvarter. Am Gammel Strand kann man indes in gehobenen Sphären speisen, den Rundfahrtbooten auf Holmens Kanal zusehen, die Aussicht auf Slotsholmen genießen oder freitags und samstags an Flohmarktständen stöbern (s. S. 53).

Slotsholmen (G 6)

Bischof Absalon ließ 1167 seine Burg zum Schutz von Kiobmanhafn auf eine kleine Insel, dänisch *›holmen‹*, vor der Küste bauen. Im Laufe der Jahrhunderte rückte die Stadt näher, die Sunde verkleinerten sich zu Holmens Kanal. Eine zweite Burg ersetzte die erste, dann folgten zwei Schlösser, beide brannten nieder, und seit 1928 ragt hier das dritte Christiansborg (s. S. 86) auf. Es ist demokratisch geworden: Hier sind der Regierungschef, einige Minister und das Parlament zu Hause. Weitere Attraktionen sind das Thorvaldsens Museum (s. S. 93) auf der Stadt- sowie auf der Hafenseite die Börse, ein markanter, lang gestreckter Renaissancebau mit einem charakteristischen Turm aus ineinander verdrehten Drachenschwänzen, und Den Sorte Diamant, ›der schwarze Diamant‹. Mit dem 24 m hohen, schwarzen Kubus wurde 2000 die Königliche Bibliothek erweitert – eine inzwischen viel gelobte Kombination aus alter und neuer Architektur.

Latiner Kvarter (F 5)

Ausgeflippt, billig, etwas schmuddelig und ziemlich schwul zeigt sich das Nørre Kvarter, bekannter als Latiner Kvarter (s. Extra-Tour 2, S. 110). Larsbjørns-, Teglgårds- und Studiestræde haben hier einen legendären Ruf als Gassen der Kneipen und Cafés, intimen Restaurants, ausgefallenen Boutiquen und gut sortierten Secondhand-Shops. Der Spitzname ›Pisserenden‹ hat zwar mindestens schon zwei Jahrhunderte auf

Lass doch andere strampeln

Im Sommer warten Fahrradtaxis auf wichtigen Plätzen der Innenstadt auf Kunden. Sie rollen fußmüde Touristen von einer Attraktion zur nächsten oder ins Hotel zurück, bieten aber auch allgemeine oder themenorientierte Sightseeingtouren (ca. 1–1,5 Std.) zum Festpreis bzw. Touren nach Kundenwunsch zum offiziellen Fahrradtaxitarif. Mann oder Frau an den Pedalen gibt unterwegs Kommentare und auf Wunsch kann auch Verpflegung zugeladen werden. Sie müssen sich nur entscheiden, ob Sie in einem der in Dänemark entwickelten Frontlader vor dem Fahrer Platz nehmen wollen oder sich hinter ihm in die Sitze einer typisch asiatischen Rikscha kuscheln wollen (Weitere Infos und Buchungsnummern s. S. 25)

den Silben, bildet jedoch bis heute die etwas frivole Identitätsklammer für Bewohner und Läden im Latiner Kvarter – www.pisserenden.com stellt sie auf Dänisch vor. Zwischen Nørregade und Købmagergade setzt sich das Univiertel mit dem Klædebo Kvarter fort. Die Fiolstræde, wo früher viele Professoren wohnten, ist eine Straße der Buchläden und Antiquariate.

Frederiksstaden (H 4)

›Hofbaumeister‹ Eigtved lieferte im 18. Jh. für das ›königliche Kopenhagen‹ den Masterplan im Stil des Rokoko und platzierte im Zentrum vier baugleiche Adelspalais: Amalienborg (s. S. 86), ab 1794 königliche Residenz. Später baute der Hochadel im Viertel Stadtpalais, Botschaften siedelten sich an, und da Dänemark durch die Heirat der Tochter von Christian IX. mit Zar Alexander III. Russland eng verbunden war, leuchten goldene Zwiebeltürme der russisch-orthodoxen Alexander Nevsky-Kirche über der Bredgade. Überragt wird alles von der Kuppel der Marmorkirche (s. S. 88).

An Bredgade und Store Kongensgade findet man heute edle Antiquitätenläden (s. S. 53) und Galerien (s. S. 57), feine Einrichtungshäuser (s. S. 55) sowie bekannte Frokost-Lokale.

Nyboder (G/H 3/4)

In das Dreieck zwischen Øster Voldgade und Store Kongensgade zwängt sich eine pittoreske Reihenhaussiedlung. Christian IV. ließ sie ab 1632 für Marinesoldaten und deren Familien bauen. Bis 1787 kamen immer neue hinzu, rund 600 waren es schließlich. Die meisten sind als Wohnraum erhalten, die älteste an der Skt. Paulsgade 20–40.

An der Store Kongensgade erinnert ein Denkmal an die letzte siegreiche Seeschlacht der dänischen Marine 1864 vor Helgoland gegen die kaiserlich österreichische Flotte.

Mittelpunkt im königlichen Frederiksstaden: Schlossplatz von Amalienborg

Christianshavn (H/J 6)

Christian IV. ließ den Stadtteil Anfang des 17. Jh. in das Sumpfland auf der anderen Seite des Hafens rammen und holte dafür holländische Baumeister – die Ähnlichkeit mit Amsterdam ist kein Zufall. Mitten durch das Viertel zieht sich ein Kanal, gesäumt von Häusern aus dem 17. bis 19. Jh. Auf dem Wasser dümpeln viele Segel- und ein paar Hausboote. Das gibt Atmosphäre, und die lässt auch immer mehr Lokale entstehen, viele im Sommer mit Tischen vor der Tür. Wahrzeichen von Christianshavn ist der Turm der Vor Frelsers Kirke (s. S. 88) mit der Wendeltreppe außen. In der Welt bekannter ist Christiania.

Christiania (J 6)

Über drei Jahrzehnte auf des Messers Schneide zwischen legal und illegal, 34 ha groß, rund 1000 Bewohner – Christiania ist eine putzmuntere Legende der Hippiezeit. Dass das 1971 besetzte Gelände bisher nie geräumt wurde, dokumentiert den Pragmatismus dänischer Politik: Christiania ist Ventil für viele soziale Probleme Kopenhagens, und so erfanden Politiker das ›Soziale Experiment‹, um die selbst ernannte Freistadt zu legalisieren.

Abseits der Hauptwege entdeckt man noch das ursprüngliche Christiania mit kreativer Architektur und man ahnt die kollektiven Ideen der Gründergeneration. Dem entgegen steht die kommerzielle Seite. Zwar ist der offene Handel mit allem, was THC enthält, von Haschisch bis Marihuana, verschwunden – bis 2004 wurden in der legendären Pusher Street rund 14 Kilo weiche Drogen pro Tag umgesetzt – aber der Devotionalien-Handel mit allen erdenklichen Rauchutensilien und Accessoires der Hippie-Generation geht weiter. Und nach alternativem Shopping kann man im Café Nemoland schauen, was man in der Tüte hat (So–Do/Fr, Sa 10–2/3 Uhr). Dieses alternative Partydorf zeigt so krass wie sonst nichts in Christiania die Ankunft der Spaßgesellschaft in der Aussteigerwelt. Bis zu einer halben Million Besucher pilgern jedes Jahr nach Christiania – nur wenige dänische Attraktionen können da mithalten. Wer an den Idealen der Freistadt und ihrer Geschichte interessiert ist, kann an Führungen teilnehmen (im Sommer tgl., sonst Sa, So 15 Uhr ab Eingang Prinsessegade, Info und Buchung Tel. 32 57 96 70, 30 DKK, www.christiania.org).

Die Brückenviertel

Die ›brokvarter‹ entstanden im 19. Jh. als Arbeiterquartiere und wurden ab den 1970er-Jahren zu begehrten Wohnvierteln saniert. Wo es früher allenfalls Geheimtipps für ein letztes Bier auf dem Weg von der Innenstadt nach Hause gab, verbringen die Bewohner ihre Abende jetzt in Cafés und Kneipen im eigenen Kiez.

Nørrebro (D/E 3/4) machte am quirligen Skt. Hans Torv den Anfang. Das etwas feinere **Østerbro** (D–G 1/2) entwickelte am Nordende der Seen sein nobleres Ausgehangebot und jetzt erlebt das alte Drogen- und Rotlichtviertel **Vesterbro** (C–E 6/7) den Aufstieg. Junge Singles und Paare mit gutem Einkommen ziehen in die sanierten Altbauten, moderne Wechselsprechanlagen an den Türen dokumentieren ihr Vordringen. Mit ihnen kommen schmucke Bistros, Restaurants mit pfiffiger Küche und andere aufgestylte Treffs für die Szene. Vorzeigeobjekt des Wandels ist das Ausstellungs-, Veranstaltungs- und Kulturzentrum Øksnehallen (E 7) am Halmtorvet. Die 100 Jahre alten Viehhallen, bildeten zuvor den Kern der

Kødby, der Fleischstadt, wo bis zur Mitte des 20. Jh. Kopenhagens Schlachthöfe zu Hause waren und die den Namen behielten, als hier später ein Straßenstrich für Verkehr sorgte.

Frederiksberg (A–D 3–7)

Die Stadt in der Stadt ist bürgerlicher, konservativer und feiner als Kopenhagen, das Wohnen ist teurer und die Steuern sind niedriger. Frederiksbergs geschäftige Hauptgeschäftsstraße ist der Gammel Kongevej (D 6–B 5), während die parallel verlaufende Frederiksberg Allé (B–D 6) den Part eines mondänen Boulevards spielt. Kurz bevor er an den Park Frederiksberg Have (s. S. 98) stößt, von dem der Zoo (s. S. 98) seit 1859 einen Teil belegt, trifft man auf die letzten Boulevardtheater. Die überlebten zum Teil nur, weil sie außer mit Theater auch mit Konzerten, Gastronomie und Dance-Club-Angeboten Besucher locken.

Straßen & Plätze

Kongens Nytorv (G 5)

Der Platz wurde im 17. Jh. als Stadtmittelpunkt angelegt. Die Mitte dieser Mitte, die kleine Grünanlage Krinsen, erlebt jedes Jahr Ende Juni wilde Jubelfeiern, wenn Kopenhagens Abiturienten nach ihrer Schulentlassung um das Reiterstandbild von Christian V. herumtanzen. Wenn es im Winter kalt genug ist, wird eine Eisbahn eingerichtet. Um den Platz herum entstanden im Laufe der Jahrhunderte repräsentative Bauten wie Schloss Charlottenborg (s. S. 90), ›Det Kongelige Teater‹ (s. S. 72), ›Magasin du Nord‹, Nordeuropas größtes Kaufhaus, sowie die traditionsreiche Luxusherberge ›Hotel d'Angleterre‹ (s. S. 34).

Highlight 4

Langelinie mit der Kleinen Meerjungfrau (J 1–3)

Eine Frau macht die Langelinie zum Pilgerziel. Sie hat die 90 schon überschritten, ist aber immer leicht bekleidet und knackig wie am ersten Tag: Die Kleine Meerjungfrau. Edvard Eriksen schuf die Bronzefigur 1913 nach einer Figur aus einem Märchen von H. C. Andersen. Zweimal wurde ihr schon der Kopf, einmal ein Stück vom Arm abgesägt, im September 2003 stieß man sie gar ganz vom Sockel ins Wasser – gut für solche Fälle, dass die Gussformen noch vorhanden sind.

Neben der Meerjungfrau zwingt die Marina des Königlich Dänischen Yachtclubs die Promenade ein Stück landeinwärts, von hier ist es nicht mehr weit zum Langelinie Kaj mit seinen Factory Outlets (s. S. 58) und Cafés. Am Kai machen häufig Kreuzfahrtschiffe fest.

Larsens Plads – Hafenpromenade (H/J 4/5)

Das im Februar 2008 eröffnete Schauspielhaus setzt einen modernen Akzent an den Anfang der Hafenpromenade, an deren langgezogenen Kaianlagen oft Großsegler oder Superyachten festmachen. Königsschloss Amalienborg auf der einen, Hafen und Holmen mit dem pittoresken Mix aus Alt- und Neubauten auf der anderen Seite schlendern Sie vorbei an historischen Speichern mit neuem Innenleben. Vor ›Den Kongelige Afstøbningssamling‹ (s. S. 91) fällt ein properer Nackter auf, die Kopie von Michelangelos David. Angesichts der fensterreichen Fassade der Mærsk-Verwaltung können Sie spekulieren, wie reich jener Reeder Mærsk McKinney Møller, dem das alles gehört, wohl ist. Reich genug auf jeden Fall, um der

Schule ist zu Ende: Abiturienten feiern vor Christian V. auf dem Kongens Nytorv

Stadt das Opernhaus für 336 Mio. DKK zu spendieren. Das ist der Bau mit dem ›Schirmmützendach‹ auf der anderen Hafenseite. Übrigens ist der moderne Amaliehaven, der Park zwischen Amalienborg und Hafen, den Sie eben passierten, ein weiteres Maersk Geschenk an Kopenhagen.

5

Highlight

Nyhavn (H 5)

Seit 1673 vergrößert der Stichkanal den Hafen: Bunte alte Häuser, in fast jedem eine Kneipe, ein Café oder ein Restaurant, davor Straßencafés – Nyhavns Sonnenseite ist Kopenhagens längste Theke. Wer deren Preise nicht zahlen will, und das sind viele, hockt sich auf die Kaimauer und bringt sein Bier aus einem Supermarkt oder Kiosk mit.

Schon der Märchendichter H. C. Andersen liebte im 19. Jh. die damals noch frivolere Atmosphäre des Nyhavn, mehrmals wohnte er hier für längere Zeit (in Nr. 18, 20 und 67). Wer noch einen Hauch jener maritim-rustikalen Art erleben möchte, die der Nyhavn besaß, ehe die Reichen und Schönen ihn eroberten, muss das Hong Kong in Nr. 7 ansteuern. Das ist trotz des exotischen Namens und Outfits urdänisch, hat *dognåbent,* also rund um die Uhr geöffnet und versteht sich, so ein Schild neben dem Eingang, als ›Sozial- und Gesundheitsverwaltung, Nyhavns mentalhygienische Klinik‹ – na dann Skål. Den neuen Nyhavn repräsentieren teure Edelrestaurants wie Leonore Christine (Nr. 9) oder Havfruen (Nr. 39). Im Dezember sorgt ein Weihnachtsmarkt für anheimelnde Stimmung und die Lokale servieren Weihnachtsspezialitäten.

Skt. Hans Torv (E 3)

Der Platz mit der wuchtigen Granitskulptur ist Keimzelle des Szenelebens in den Brückenvierteln und wird von Brasserien wie dem Café Sebastopol oder dem minimalistisch eingerichteten Pussy Galore's Flying Circus umgeben. Die Szene hat auch umliegende Straßen erschlossen, etwa die Gulbergsgade mit dem Rust (s. S. 61) und dem Programmkino Empire Bio (s. S. 72) oder die Elmegade, in der sich zu Kneipen und trendigen Take-aways auch Boutiquen junger Modedesigner gesellen.

›Strædet‹ (F/G 5/6)

Von der Rådhusstræde bis zum Amagertorv bilden Kompagni- und Læderstræde eine ruhige Alternative zu Strøget, und die Cafés und Restaurants, im Sommer alle mit Tischen an der Straße, sowie die Läden wirken etwas origineller – regelrecht blendend der auf Silber spezialisierte Antiquitätenladen Solvkælderen in der Kompagnistræde 1.

Highlight 6

›Strøget‹ (F/G 5/6)

Immer wieder irrten Besucher auf der Suche nach Strøget über Strøget, bis endlich der ›Rufname‹ auf den Straßenschildern erschien. Denn genau genommen besteht der 1,6 km lange ›Strich‹ zwischen Rådhuspladsen und Kongens Nytorv aus sechs Straßen und Plätzen mit eigenen Namen.

Je näher dem Rathausplatz, desto reißerischer und billiger wirkt die Frederiksberggade (F 6). Der Gammeltorv (F 5) mit dem verspielten Caritasbrunnen, auf dessen Fontänen am 16. April, dem Geburtstag der Königin, Goldäpfel tanzen, war Zentrum des mittelalterlichen Kopenhagen. Er geht heute in den Nytorv über. Das alte Rathaus, das beide Plätze früher teilte, raffte der Stadtbrand 1795 dahin – in der Pflasterung erinnert der Grundriss daran. Die kurze Nygade (F5) bemerken Flaneure kaum, da zieht Vimmelskaftet mit einem Miniplatz und meist ein paar Straßenmusikanten die Aufmerksamkeit auf sich. Fliegende Händler belegen Bänke vor dem schmiedeeisernen Gitter, das den Kirchhof der Helligånds Kirke vom Amagertorv trennt. Der Rest des Strøget wandelt sich erst nach Geschäftsschluss zur Show-Arena für Straßenmusiker, Pantomimen und Jongleure.

Wo der Amagertorv sich zur guten Stube der Stadt weitet, ist Schluss mit billig: Die Edel-Souvenirshops von Royal Copenhagen (Porzellan) und Georg Jensen (Silber) sowie das Design-Kaufhaus Illums Bolighus – nicht zu verwechseln mit dem großen Kaufhaus Illums (s. u.) – belegen einen Komplex mit Kopenhagens schönstem Bürgerhaus aus der Renaissance in der Mitte (mehr zu den Läden s. S. 56). Ach, Sie müssen gerade für kleine ... Das trifft sich gut, die unterirdischen Toiletten des Amagertorv sind Perlen des Jugendstil und für eine ›Öffentliche‹ sehr sauber.

Das Kaufhaus Illum (s. S. 57) bewacht den Eingang zur Østergade. Die bildet den ›Edel-Strich‹. Hier haben internationale Herren- und Damenausstatter wie Filippa K und Grant (Nr. 24), Louis Vuitton (Nr. 18), Cerutti (Nr. 17), Marlborough Classics (Nr. 15) und Mulberry (Nr. 13), sowie dänische Edel-Einkleider wie Sand (Nr. 40), Birger Christensen (Nr. 38), Martinique/In Wear (Nr. 27), Ivan Grundahl (Nr. 26) und Noa Noa (Nr. 16) ihre Exklusivshops, aber auch Bodum füllt einen Homestore über vier Stockwerke mit durch und durch designten Küchen- und Badutensilien (Nr. 10; s. S. 55).

Strøget: Straße zum Shoppen und Staunen

Værnedamsvej (D 6)

Der Værnedamsvej ist die Gasse der Genüsse, eine der ursprünglichsten Einkaufsstraßen der Stadt, besser der Städte, denn sie liegt zwischen Kopenhagen (gerade Hausnummern) und Frederiksberg (ungerade) und sie nimmt immer mehr Züge einer dritten Stadt an: Paris: Viele Läden und Lokale haben frankophile Züge. Wenigstens einen Blick lohnen Tout Petit (Näheres s. S. 59) in Nr. 17, die Boutiquen für Kindermode, Samsøe & Samsøe mit dänischer und internationaler Mode in Nr. 12 und die diversen Delikatessenläden und Restaurants wie Le Gourmand in Nr 3 A, Helges Ost in Nr 9, wo es ab dem frühen Mittag so herrlich belegte Brötchen gibt, die Brasserie Les Trois Cochons in Nr. 10, die Edel-Schlachterei Kød&Co in Nr. 14 und schließlich das Restaurant Café Viggo in Nr. 15. Dass es dort französisch zugeht, erschließt sich bei dem Namen vielleicht nicht auf den ersten Blick, sondern erst, wenn man weiß, dass Namensgeber Vakse Viggo der dänische Name der französischen Comic Figur Gaston von André Franquin ist.

Fabrikbesichtigungen

Carlsberg Bryggerierne Besøgscenter/Husbryggeriet Jacobsen (B 7/8)

Gamle Carlsberg Vej 11, 2500 Valby
Tel. 33 27 13 14, www.visitcarlsberg.dk
Di–So 10–16 Uhr; Erw. 40, Kinder 25 DKK; Bus 26.

Zwar endet 2008 am Stammsitz der 1847 gegründeten Carlsberg Brauerei die Massenproduktion und wird nach Jütland verlagert, aber wie Bier gemacht wird, sieht man weiterhin und probieren darf man auch: Das gegenüber der Bierfabrik geradezu intime Brauhaus Jacobsen, das auf den Firmengründer Bezug nimmt und im Konzern für Designer-Biere steht, kann als Teil des Besuchszentrums besichtigt werden.

Interessant auch die Industriearchitektur: Wahrzeichen der Brauerei ist das Tor mit vier mächtigen Elefanten aus Bornholmer Granit über dem Ny Carlsbergvej. An diesen Elefanten fällt das bis 1930 benutzte Carlsberg-Markenzeichen ins Auge: das Hakenkreuz. Die Brauerei verzichtete schon früh darauf, um nicht mit der Hitler-Bewegung in Deutschland in Verbindung gebracht zu werden.

Die Carlsberg-Gruppe ist heute einer der größten Bierbrauer der Welt mit über 20 000 Mitarbeitern in rund 70 Brauereien, darunter Hannen, Holsten und Feldschlösschen in Deutschland.

Bauwerke

Infos zu den genannten und weiteren Schlössern nebst Schlossparks mit Plänen: www.slotte.dk.

Highlight 7

Amalienborg Slot (H 4)

Hofbaumeister Nicolai Eigtved (1701–54) plante die vier fast baugleichen Rokoko-Palais als Domizile für Familien des Hochadels. 50 Jahre später wurden sie Hauptwohnsitz der durch ein Feuer auf Christiansborg obdachlos gewordenen Königsfamilie. Heute nutzen Königin Margrethe II. und Prinz Henrik das Christian IX. Palæ auf der Südostseite des Platzes als Residenz, während bis 2009 das nordöstliche Frederik VIII's Palæ mit rund 4500 m^2 ›Wohnfläche‹ für Kronprinz Frederik und Familie renoviert wird. Im Christian VIII. Palæ – Nordwestseite – befindet sich Amalienborgmuseet, das die Sammlung königlicher Erinnerungszimmer von Schloss Rosenborg (s. S. 87) fortsetzt (Mai–Okt. tgl. 10–16, sonst Di–So 11–16 Uhr, Erw. 50 DKK). Klopfen Sie mal an die Kolonnade zwischen Margrethes Schloss und dem für Repräsentationszwecke genutzten Christian VII. Palæ: Was wie Stein aussieht, ist eine Holzattrappe. Davor gibt es tgl. um 12 Uhr Wachwechsel, bei Anwesenheit der Königin in großer Version. Zuvor marschiert die Garde ab 11.30 Uhr durch die Innenstadt und kommt mit der Marmorkirche im Hintergrund auf den Schlossplatz zu – ein wirklich tolles Fotomotiv!

Christiansborg (G 6)

Der Sitz des Parlaments ›Folketing‹, der Regierung, des höchsten Gerichts sowie die Repräsentationsräume der Königin sind im diesem fünften Machtbau auf Slotsholmen untergebracht. Von verschiedenen Vorgängerbauten blieben Teile erhalten – das erklärt den Stilmix: Die königlichen Ställe mit einem Kutschenmuseum und das Hoftheater, heute Theatermuseum, stammen vom Barockschloss des 18. Jh., die Kirche vom klassizistischen Bau des 19. Jh. und die Fundamente im Keller unter dem Mittelturm von der Burg aus dem Jahr 1167. Highlight seit 2000: Führungen durch die königlichen Repräsentationsräume treffen im Rittersaal auf jene 17 modernen, fast comicartigen Gobelins, die ein Kaleidoskop der Geschichte Dänemarks und der Welt von der Wikingerzeit über die Gegenwart bis in die Zukunft auf rund 200 m^2 kunstvoll gewebter Fasern projizieren. Von der dänischen Wirtschaft finanziert, wurden sie 1990 zum 50. Geburtstag der Königin in Auftrag gegeben, vom avantgardistischen Multikünstler Bjørn Nørgaard entworfen und ihr zum 60. übergeben – Margrethe II. stiftete sie umgehend ihrem Volk.

Folketing: Führungen tgl. 10, 11, 13, 14 [engl.] und 15 Uhr, Juli–Mitte Aug. tgl., sonst nur So; gratis.

Repräsentationsräume: Führungen Mai–Sept. tgl. 11, 13 u. 15 (engl.), 12, 14 (dän.), sonst Di–So 12, 14 (dän.) und 15 Uhr (engl.); Erw. 70, Kinder 25 DKK.
Kutschenmuseum: Mai–Sept. Fr–So, sonst Sa, So 14–16 Uhr; Erw. 10 DKK.
Theatermuseum: Di–Do 11–15, Sa, So 13–16 Uhr; Erw. 30 DKK.
Fundamente der ersten Burg: Mai–Sept. tgl., sonst Di–So 10–16 Uhr; Erw. 40, Kinder 20 DKK.

Kastellet (H 3)

Freier Zugang u. a. von Esplanaden, tgl. 6 Uhr bis Sonnenuntergang; gratis.
Die für Frederik III. 1662–63 gebaute Zitadelle mit ihren fünf Bastionen wurde nach dem weitgehenden Abzug des Militärs in den 1990er-Jahren restauriert und dabei auf das ursprüngliche, barocke Aussehen zurückgebaut. Dank der Lage gleich hinter der kleinen Meerjungfrau lässt sich ein Gang durch die Anlage gut mit einem Besuch bei Kopenhagens Wahrzeichen verbinden.

Rosenborg (G 4)

Øster Voldgade 4 A, 1350 Køb K
www.rosenborgslot.dk
Mai, Sept., Okt tgl. 10–16, Juni–Aug. 10–17, sonst Di–So 11–15/16 Uhr, Erw. 65 DKK.
Christian IV. wollte nur eine bescheidene Villa im Grünen, aber es wurde etwas mehr: Rosenborg ist ein repräsentatives Renaissanceschloss, in dem die Kronjuwelen sowie Gedenkräume für alle Könige vom Bauherrn, der 1588 den Thron bestieg, bis zu Frederik VII., der 1863 starb, zu sehen sind – Fortsetzung in Schloss Amalienborg (s. S. 86).

Rundetårn (F 5)

Købmagergade 52A, 1150 Køb K
www.rundetaarn.dk; Juni–Sept. tgl. 10–20, sonst tgl. 10–17 Uhr; Observatorium: Mitte Okt.–Mitte März Di, Mi 19–22 Uhr; Erw. 25, Kinder 5 DKK.
Noch eine Idee von Christian IV.: Er ließ 1637–42 den 35 m hohen Turm an die Trinitatis Kirke der Studentengemeinde anbauen, auch als Zugang zur damaligen Uni-Bibliothek im Dach der Kirche. Dieser faszinierende Raum ist erhalten und wird regelmäßig für Sonderausstellungen genutzt. Im Inneren des Turms windet sich über 200 m Länge ein stufenloser Gang siebeneinhalbmal um den Kern bis zur Spitze; Staatsgäste wurden früher mit der Kutsche hinaufgekarrt, eine Autotour an die Spitze ist schon für 1902 belegt. Das Observatorium auf der Turmspitze ist seit 1642 in Betrieb und damit das älteste weltweit.

Hört, die Uhr hat zehn geschlagen

Dicke Schlüssel klingeln vor dem langen schwarzen Mantel, die Laterne baumelt in der Hand, der martialische Morgenstern liegt auf der Schulter – der Nachtwächter ist unterwegs, im Gefolge lauschende Touristen und geschwätzige Kinder.
Einige reifere Herren mit guter Stimme halten den rund 800 Jahre alten Brauch nächtlicher Rundgänge wach und zeigen dabei Teile der Altstadt. Jeweils 75 Min. ab Gråbrødretorv (F 5) 75/50 DKK: Mitte Juli–Mitte Sept. 21 Uhr Di u. Mi auf Englisch, Do bis Sa Dänisch, Sept–Weihnachten Do, Fr 20, März bis Juli Do, Fr 19 Uhr nur Dänisch. Für Gesänge und Stimmung ist aber keine Sprachkenntnis nötig.

Kirchen

Fast alle Kirche gehören zur evangelisch lutherischen Folkekirke, der dänischen Staatskirche. Besichtigungsmöglichkeiten sind auch zu den angegebenen Öffnungszeiten eingeschränkt, wenn kirchliche Handlungen stattfinden. Gottesdienstzeiten aller wichtigen Glaubensgemeinschaften finden Sie unter ›Religion‹ in der Touristenbroschüre ›Copenhagen this week‹ (s. S. 20) oder in dessen Online-Ausgabe www.ctw.dk.

Christianskirken (H 6)

Strandgade 1, 1401 Køb K
tgl. 8–17 Uhr, gratis
Bus 2 A, 19, Havnebus
Nicolai Eigtved, der große Rokoko-Baumeister (Amalienborg, Marmorkirken), lieferte die Pläne für Kopenhagens ungewöhnlichste Kirche – innen eher Theater denn Gotteshaus. Drei Reihen mit Galerien, in denen einst die Reichen eigene Logen hatten, ziehen sich übereinander um das Kirchenschiff.

Frederikskirken/ Marmorkirken (H 4)

Frederiksgade 4, 1265 Køb K
Kirche: Mo–Do 10–17, Fr–So 12–17 Uhr, gratis. Kuppel: Mitte Juni–Aug. tgl., sonst nur Sa, So 13 und 15 Uhr, Erw. 25, Kinder 10 DKK
Frederik V. wollte vor seinen Kollegen protzen: Als Nicolai Eigtved Pläne für eine Kirche in Frederiksstaden vorlegte, hatte der Regent zwei Wünsche: Es sollte der höchste Kuppelbau Europas werden und bitte aus Marmor. Dann ging das Geld aus und erst 1894, fast eineinhalb Jahrhunderte nach Grundsteinlegung, wurde die Kirche fertig, kleiner, weitgehend aus norwegischem Kalkstein statt aus italienischem Marmor und von einem frühen Medienmogul statt aus königlicher Schatulle bezahlt. Die Bronzefiguren rundherum zeigen bekannte dänische Theologen und andere Glaubensverfechter.

Grundtvigs Kirke (nördl. B 1)

På Bjerget 14B, 2400 Køb NV
Kernzeit Mo–Sa 9–16, So 12–13 Uhr
Bus 6A oder 69 ab Zentrum
Die Kirche entstand 1920–40 als letztes Aufbäumen des individuellen Historismus, der viele Kopenhagener Bauten an der Wende vom 19. zum 20. Jh. prägt: Architekt Jensen-Klint übersteigerte die gotischen Landkirchen Dänemarks in kathedrale Dimensionen.

Holmens Kirke (G 6)

Holmens Kanal, 1060 Køb K
Mo–Fr 9–14, Sa 9–12 Uhr
Die Renaissancekirche wirkt neben dem mächtigen Christiansborg und der auffälligen Börse unscheinbar. Christian IV. ließ sie im frühen 17. Jh. aus einer Ankerschmiede zum Gotteshaus für die von ihm so geliebte Marine umbauen; sie ist bis heute Seemannskirche. Ein Blick lohnt wegen der edlen Ausstattung aus dem 17. Jh. und der schmucken Grabmäler zahlreicher Seehelden.

Highlight 8

Vor Frelsers Kirke (H 6)

Sankt Annæ Gade 29, 1416 Køb K
Kirche und Turmzugang werden 2008 renoviert und erst im Frühjahr 2009 wieder eröffnet. Die dann gültigen Öffnungszeiten und Preise für Turmbesteigung finden Sie auf www.vorfrelserskirke.dk.
Als Jules Verne seine Protagonisten auf die ›Reise zum Mittelpunkt der Erde‹

schickte, testete er auf dem 1752 fertig gestellten, gut 90 m hohen Turm der Erlöserkirche ihre Schwindelfreiheit. Dieser Test steht jedem offen: Um die Turmspitze windet sich außen eine Wendeltreppe bis zur Spitze.

Vor Frue Kirke (F 5)

Nørregade 8, 1165 Køb K
Kernzeit Mo–Sa 8–17, So 12–16.30 Uhr
Drei Vorgängerbauten – der älteste von 1191 – der evangelisch-lutherischen Domkirche gingen in Flammen auf, zuletzt beim Bombardement Kopenhagens durch eine englische Flotte 1807. Der Wiederaufbau fiel in die Blüte des Neoklassizismus, dessen bedeutendster Künstler, der Bildhauer Bertel Thorvaldsen, 14 große Skulpturen und zahlreiche Reliefs lieferte, monumental sein Jesus hinter dem Altar. Samstags um 12 Uhr gibt es regelmäßig Orgelkonzerte, Do, Fr und So ab ca. 20 Uhr ›Nachtkirche‹.

Skt. Petri Kirke (F 5)

Skt. Peders Stræde 2, 1453 Køb K
www.sankt-petri.dk
März–Nov. Di–Sa 11–15 Uhr; Grabkapellen Erw. 25 DKK.
Kopenhagens älteste Kirche hat Wurzeln im frühen 14. Jh. Bei Stadtbränden mehrfach zerstört, wurde sie immer wieder aufgebaut. Nach der Reformation diente sie als Kanonengießerei, ehe Frederik II. sie im Jahr 1575 seinen deutschen Beamten zur Verfügung stellte. Aus der Folgezeit stammen kulturhistorisch bedeutende und im Norden einzigartige Grabkapellen hinter der Kirche. Diese dient bis heute der deutschen Gemeinde Kopenhagens, die in der Nachbarschaft auch eine Schule und einen Kindergarten betreibt.

Der auffällige Turm der Vor Frelsers Kirke überragt Chistianshavn

Museen/Ausstellungen

Ein neues Museumsgesetz verschafft seit 2006 allen Besuchern freien Eintritt in staatliche Museen (z.B. Nationalmuseum, Statens Museum for Kunst) sowie allen unter 18 Jahren auch in staatlich geförderte Museen (ausgenommen in Sonderausstellungen). Weitere bedeutende Museen haben einen ›Gratistag‹, meist Mi. Wo kassiert wird, zahlen Erwachsene 30–80 DKK (Museen), 10–30 DKK (kleinere Sammlungen). Studenten und Senioren können mit Ermäßigungen rechnen – Ausweis nicht vergessen. Attraktionen, die speziell Kinder ansprechen, behandeln diese meist schon ab 12 oder 16 Jahren als Erwachsene!

Arbejdermuseet (F 4)

Rømersgade 22, 1362 Køb K
www.arbejdermuseet.dk
Tgl. 10–16 Uhr; Erw. 50 DKK
Gewerkschaftseigenes Museum mit volkskundlichem Ansatz zu Lebensbedingungen und Geschichte der Arbeiterklasse und Arbeiterbewegung (s. Tour 1, S. 108).

Charlottenborg Udstillingsbygning (H 5)

Nyhavn 2, 1051 Køb K
www.charlottenborg-art.dk
Tgl. 10–17, Mi –19 Uhr
Erw. 30 DKK
Das äußerlich unscheinbare Barockschloss auf der Ecke Kongens Nytorv/Nyhavn Kanal entstand 1672–83 und ist seit Mitte des 18. Jh. Sitz der dänischen Akademie der schönen Künste. Im Ausstellungsgebäude werden regelmäßig Wechselausstellungen gezeigt; trendsetzend für die zeitgenössische Kunst im Lande sind die traditionellen Frühjahrs- und Herbstausstellungen der Akademie mit jungen Künstlern.

Dansk Arkitektur Center – Gammel Dok (H 6)

Strandgade 27B, 1401 Køb K
www.dac.dk
Tgl. 10–17 Uhr; Erw. 40 DKK
Ein restaurierter Hafenspeicher dient als Ausstellungshaus zur Architektur. Das Restaurant – Zugang ohne Eintritt – bietet eine Traumaussicht über den Hafen auf die Silhouette der Stadt (nur Frokost).

Dansk Design Center (F 6)

H. C. Andersens Boulevard 27,
1553 Køb V, www.ddc.dk
Mo–Fr 10–17, Mi bis 21, Sa, So 11–16 Uhr; Erw. 50, Mi ab 17 Uhr gratis.
Das DDC (s. Tour 3, S. 112) zeigt Design in oft bedeutenden Wechselausstellungen, verkauft Design im Museumsshop und dient als Institut zur Vermittlung und Förderung von Design.

Dansk Jødisk Museum (G 6)

Proviantpassagen 6, 1218 Køb K
(Zugang vom Bibliotheksgarten S. 114)
Tel. 33 11 22 18, www.jewmus.dk
Juni–Aug. Di–So 10–17, sonst Di–Fr 13–16, Sa, So 12–17 Uhr, geschlossen an jüdischen Feiertagen! 40 DKK/ab 16 J.
Das Dänisch-Jüdische Museum ist – wie das Pendant in Berlin – von Daniel Liebeskind entworfen. In alte Gemäuer aus dem 17. Jh. integrierte er ein verwinkeltes und aus jeder erwarteten Gradlinigkeit ausbrechendes Museum – eher ein Gang, denn ein Raum, in hellen Materialien gehalten. Es soll die positive Erfahrung der Juden in Dänemark visualisieren und das Wunder von 1943, als ganz normale Dänen fast die gesamte jüdische Bevölkerung ihres Landes über den Øresund nach Schweden brachten und so vor der drohenden Deportation in die deutschen Vernichtungslager bewahrten.

Hirschsprung (G 4)

Stockholmsgade 20, 2100 Køb Ø
www.hirschsprung.dk
Tgl. außer Di 11–16 Uhr
Erw. 50 DKK, Mi gratis
Dänische Malerei des 18. und 19. Jh. – Goldenes Zeitalter und Skagenmaler – ist Schwerpunkt.

Den Kongelige Afstøbningssamling (H/J 4)

Toldbodgade 40, 1253 Køb K
Zugang von der Hafenpromenade
Mi 14–20, So 14–17 Uhr; gratis
Ein gut gewachsener Nackter, die sechs Meter hohe Kopie von Michelangelos David, zeigt unverhüllte Männlichkeit vor dem Westindischen Packhaus. Der Speicher aus der Zeit des dänischen Kolonialengagements in der Karibik beherbergt die Sammlung von über 2000 Kopien berühmter Skulpturen und Reliefs aus 4000 Jahren Kunstgeschichte. Ein verkanntes Kleinod!

Kunstindustrimuseet (H 4)

Bredgade 68, 1260 Køb K
www.kunstindustrimuseet.dk
Di–So 11–17 Uhr; Erw. 50 DKK, Mi gratis
Dieses Museum für dekorative Kunst legt seinen Schwerpunkt auf modernes dänisches Industrie- und Möbeldesign, hat aber auch eine historische Sammlung und die beste Sammlung japanischen Kunsthandwerks außerhalb Japans. Der Hof dient im Sommer als Openair-Bühne für Klassikkonzerte und Theater, eine kleine Ecke nutzt an schönen Tagen das Museumscafé.

Københavns Bymuseum (D 6)

Vesterbrogade 59, 1620 Køb V
www.bymuseum.dk
Tgl. außer Di 10–16, Mi bis 21 Uhr, Erw. 20 DKK, Fr gratis
Stadtgeschichte und -kultur. Außerdem Sammlung über einen der bekanntesten Kopenhagener, den Philosophen Søren Kierkegaard (1813–55).

Museum Erotica (G 5)

Købmagergade 24, 1150 Køb K
www.museumerotica.dk
Mai–Sept. tgl. 10–23, sonst So–Do/Fr, Sa 11–20/22 Uhr, Eintritt 109 DKK
Für manche ist es die längste ›Praline‹ der Welt, für andere purer Schweinkram: Erotische Kunst ist die eine Seite, erotischer Kitsch eine andere und Pornographie eine dritte – das Museum Erotica zeigt sie alle und vor allem die pornographische Seite nicht zu knapp. Nichts für Zartbesaitete.

Nationalmuseet (F 6)

Ny Vestergade 10, 1471 Køb K
www.natmus.dk
Di–So 10–17 Uhr
gratis außer Sonderausstellungen
Dänische Geschichte und die Kulturepochen des Landes werden mit modernen Konzepten, aber leider ohne Erläuterungen auf Deutsch präsentiert. Schwerpunkte in der völkerkundlichen Abteilung sind Dänemarks Kolonie Grönland und die Welt der dort lebenden Inuit. Ein ›Børnemuseum‹ wendet sich an Kinder.

Kunsthallen Nikolaj (G 5)

Nikolaj Plads, 1067 Køb K
www.nikolaj-ccac.dk
Di–So 12–17, Do –21 Uhr, Erw. 20 DKK, Mi gratis.
Äußerlich ist das Gebäude eine Kirche, es hat aber schon viel mitgemacht: Gotteshaus bis 1805, dann Beobachtungsturm der Feuerwehr, Zeitball-Station für den Hafen, Bibliothek, Happening-Location für Kunstbewegungen in den wilden 1960ern und 70ern und seit

Hautnahe Kunsterlebnisse im Statens Museum for Kunst

1981 städtisches Ausstellungs- und Veranstaltungshaus.

Nordatlantens Brygge (J 5)

Strandgade 91, 1401 Køb K
www.bryggen.dk
Tgl. 10–17 Uhr, Erw. 40 DKK.
Dänemark ist als Kolonialmacht kaum im Bewusstsein, hat aber bis heute mit den Färöer-Inseln und Grönland Teile seiner Kolonien noch nicht vollständig in die Unabhängigkeit entlassen. Zusammen mit dem seit 1944 selbständigen Island präsentieren sie sich mit einem breiten Veranstaltungsprogramm und wechselnden Kunstausstellungen in dem Ende 2003 eröffneten Kunst- und Kulturzentrum ›Bryggen‹. Über die Kunst aus dem Nordatlantik kann man sich vorab unter www.bryggenart.com informieren. Der alte restaurierte Speicher beherbergt zudem Islands Botschaft, die ständigen Vertretungen der Färöer-Inseln und Grönlands sowie eine gemeinsame Touristeninformation und das Nordatlantik-Restaurant ›noma‹ (s. S. 48).

Ny Carlsberg Glyptotek (F 6)

Dantes Plads 7, 1556 Køb V
www.glyptoteket.dk
Di–So 10–16 Uhr
Erw. 50 DKK, So gratis
Brauer Carl Jacobsen legte den Grundstock für die bedeutendste Sammlung antiker Skulpturen nördlich der Alpen; außerdem exzellente Werke französischer Malerei des 19. Jh. sowie des dänischen Goldenen Zeitalters. Das hervorragende Café ist außer an den Gratistagen nur mit Eintritt zu erreichen.

Orlogsmuseet (H 6)

Overgaden oven Vandet 58,
1415 Køb K
www.orlogsmuseet.dk
Di–So 12–16, Juli tgl. 10–16 Uhr;
Erw. 40 DKK, Mi gratis
Marinegeschichte und -technik; spezielle Kinderabteilung.

Post & Tele Museum (G 5)

Købmagergade 37, 1150 Køb K
www.postogtelemuseet.dk
Di–Sa 10–17, Mi –20, So 12–16 Uhr
Erw. 40 DKK, Mi gratis
Direkt neben Kopenhagens ältestem Postamt wird über vier Jahrhunderte Post und Telekommunikation von der Kutschenzeit bis zur E-Mail informiert. Im 3. Stock steht ein Internetzugang zur Verfügung und im 5. ein Café mit exzellenter Aussicht (s. S. 41).

Statens Museum for Kunst (G 3/4)

Sølvgade 48, 1307 Køb K
www.smk.dk
Di–So 10–17, Mi –20 Uhr, gratis
Die Staatliche Kunstgalerie zeigt dänische Kunst aller wichtigen Epochen bis zur Gegenwart sowie einige Nebenwerke europäischer Meister, außerdem die weltweit beste Sammlung von Arbeiten des Trompe-l'œil-Malers Cornelius Norbertus Gijsbrecht, der erst in jüngster Zeit als avantgardistisches Genie des 17. Jh. entdeckt wurde.

Thorvaldsens Museum (G 6)

Bertel Thorvaldsens Plads 2, 1213 Køb K, www.thorvaldsensmuseum.dk
Tgl. außer Mo 10–17 Uhr
Erw. 20 DKK, Mi gratis
Bertel Thorvaldsen (1770–1844) war ein Meister des Klassizismus. Seine Skulpturen verzieren Straßen und Plätze in ganz Europa. Nach vier Jahrzehnten in Rom, wo er seine größten Erfolge feierte, kehrte er 1838 in seine Geburtsstadt zurück und vermachte viele Werke – Originale wie Modelle – sowie eine große Sammlung antiker und zeitgenössischer Kunst diesem Museum, das vier Jahre nach seinem Tod vollendet wurde. Er selbst ist im Innenhof in einem schlichten Grab beigesetzt.

Museen außerhalb

Die folgenden Museen finden Sie in der Regionalkarte auf der Rückseite des Faltplans. Weitere Ziele im Umland ab S. 100.

Highlight 9

Arken – Museum for Modern Kunst

(20 km südl.; Nebenkarte)
Skovvej 42, 2635 Ishøj, www.arken.dk
Di–So 10–17, Mi bis 21 Uhr
85 DKK ab 18 J.
S-Bahn-Station Ishøj, ab dort Bus 128
Ein Museum, zu dessen Besuch Sie Badezeug einpacken sollten. Nur wenige Schritte vom Strand ragt ›Die Arche‹ mit avantgardistischer Architektur aus den Dünen und zeigt dänische, nordische und internationale Kunst der Gegenwart, am liebsten von morgen oder übermorgen. Seit einer Erweiterung 2008 eines der größten dänischen Museen überhaupt – grandios.

Frederiksborgmuseet

(35 km nordwestl.; Nebenkarte)
Frederiksborg Slot, 3400 Hillerød
Tel. 48 26 04 39,
www.frederiksborgmuseet.dk
S-Bahn-Station Hillerød
Museum: April–Okt. tgl. 10–17, Nov.–März 11–15 Uhr
Erw. 60, Kinder 15, Fam. (2 Erw., bis 3 Kinder) 120 DKK.
Barockgarten: Tgl. 10–16, März–Okt. bis 19, Mai–Aug. bis 21 Uhr, gratis.
Schloss Frederiksborg in Hillerød sieht nach Renaissance aus, ist aber nur die Rekonstruktion des 1859 abgebrannten Originals. Es beherbergt die **Nationalhistorische Sammlung** mit

einer der größten Portraitsammlungen der Welt (vornehmlich bekannte Dänen). Nördlich des Schlosses wurde Mitte der 1990er-Jahre ein typischer **Barockgarten** mit fantastischem Blick auf das Schloss rekonstruiert.

Karen Blixen Museum

(23 km nördl.; Nebenkarte)
Rungstedlund, Rungsted Kystevej 111,
2960 Rungsted Kyst,
www.karen-blxen.dk
Mai–Sept. Di–So 10–17, sonst Mi–Fr 13–16, Sa–So 11–16 Uhr, Erw. 50 DKK.
Station Rungsted der Kystbanen und Fußweg oder Bus 388 ab Station Klampenborg
Erinnerungsmuseum im dänischen Wohnsitz der Autorin Karen – in Deutschland Tanja – Blixen (1885–1962). Ihre Bücher erlebten eine Renaissance, als Hollywood in den 1980ern aus ihrem autobiographischen Hauptwerk ›Jenseits von Afrika‹ einen Kino-Kassenschlager machte.

10

Highlight

Louisiana Museum of Modern Art

(33 km nördl.; Nebenkarte)
Gammel Strandvej 13,
3050 Humlebæk, www.louisiana.dk
Tgl. Di–Fr/Sa, So 11–22/18 Uhr, ab 18 Jahren 90 DKK.
Station Humlebæk der Kystbanen, ab dort 15 Min. Fußweg. Günstige Ta-

Der besondere Reiz des Louisiana: Skulpturenpark mit Aussicht

gestickets für Zug u. Museum an allen Bahnhöfen.
Wenn es in und um Kopenhagen ein Kultur-Muss gibt, dann das Louisiana, eines der weltweit bekanntesten Museen für Kunst ab 1945. Immer wieder macht es mit großen Ausstellungen Furore, besitzt aber auch eine eigene Sammlung, in der fast alle bedeutenden bildenden Künstler der Zeit nach dem Zweiten Weltkrieg mit wichtigen Arbeiten vertreten sind. Von einer alten Villa ausgehend sind die Ausstellungsräume genial in einen wunderschönen Park hineingebaut, ohne ihn zu dominieren. Hier kann man leicht einen Tag verbringen, zumal die Cafeteria selbst den großen Hunger gut befriedigt (s. S. 41).

Nivågårds Malerisamling

(30 km nördl.; Nebenkarte)
Gammel Strandvej 2, 2990 Nivå
www.nivaagaard.dk
Di–Fr (nicht Dez. und Jan.) 12–16,
Sa, So 11–17 Uhr; Erw. 45 DKK.
Station Nivå der Kystbanen 10 Min.
Kleine, aber beachtenswerte Sammlung mit klassischer italienischer und niederländischen Malerei sowie Gemälden aus dem dänischen ›Guldalderen‹.

Ordrupgaard-Samlingen

(10 km nördl.; Nebenkarte)
Vilvordevej 110, 2920 Charlottenlund
www.ordrupgaard.dk
Di, Do, Fr 13–17, Mi 10–18, Sa, So
11–17 Uhr; Erw. 70 DKK
Bus 388 ab S-Bahn-Stationen Klampenborg oder Lyngby.
Eine Idylle im Grünen mit einer beachtenswerten Sammlung französischer Impressionisten und Postimpressionisten. Eine besondere Rolle spielt hier Paul Gauguin, der mit einer Dänin verheiratet war und einige Jahre in Kopenhagen lebte.

Sophienholm

(13 km nordwestl.; Nebenkarte)
Nybrovej 401, 2800 Lyngby
www.sophienholm.dk
Di–So 11–17, Do bis 20 Uhr
Erw. 50 DKK
S-Bahn bis Lyngby Station, dann Bus 191 oder Mai–Sept. Di–So 6/7 x tgl. mit ›baadfarten‹ (s. S. 100) ab Lyngby
Die Villa im Stil italienischer Landhäuser aus dem frühen 19. Jh. dient als Ausstellungshaus, meist für moderne Kunst, lockt die Besucher aber auch mit seiner Lage über dem Ufer des Bagsværd Sø. Wirklich einzigartig das CoBrA-Loftet, die bemalte Zimmerdecke eines Wochenendhäuschens. Mitglieder der CoBrA-Gruppe, unter ihnen der Däne Asger Jorn, haben dieses Kollektivwerk im Jahr 1949 bei einer wilden Sause – sie nannten es Kongress – geschaffen.

Familienattraktionen

Danmarks Akvarium

(7 km nördl.; Nebenkarte)
Kavalergården 1, 2920 Charlottenlund
www.akvarium.dk
Tgl. 10–16, Febr.–April, Sept., Okt. bis 17, Mai–Aug. bis 18 Uhr
3–11 Jahre 50, ab 12 Jahre 90 DKK
S-Bahn-Station Charlottenlund oder Bus 14.
Großes Aquarium mit heimischem und exotischem Meeresgetier.

Experimentarium

(6 km nördl.; Nebenkarte)
Tuborg Havnevej 7, 2900 Hellerup
www.experimentarium.dk
Mo–Fr 9.30–17, Di bis 21,
Sa, So 11–17 Uhr
3–11 Jahre 80, ab 12 Jahre 125 DKK
Bus 14, 21, 1A

Im Experimentarium gibt's immer was zu entdecken

Anspruchsvoll, aber verspielt bis in den letzten Winkel, animiert das Wissenschaftszentrum zum Mitmachen und Anfassen. Leider werden die Experimente nur auf Dänisch, Schwedisch und Englisch beschrieben, da könnten deutsche Eltern in Erklärungsnöte geraten, aber es gibt Spannendes für Stunden, das man auch ohne Worte erfasst. 2003 als beste Kinderattraktion der Stadt gewählt.

Frilandsmuseet Sorgenfri und Brede Værk

(15 km nordwestl.; Nebenkarte)
Kongevejen 100, 2800 Lyngby
www.natmus.dk
Ostern–Mitte Okt. (42. Woche) Di–So 10–17 Uhr; gratis
Bus 184 (ab Nørreport) oder S-Bahn bis Station Sorgenfri und kurzer Fußweg oder S-Bahn bis Station Jægersborg und weiter mit Nærum Bahn bis Station Brede, dann über Eingang Brede Værk.

Das volkskundliche Freilichtmuseum Sorgenfri, eine Abteilung des Nationalmuseums, zeigt bäuerliche Bauten aus Dänemark und ehemals dänischen Gebieten, darunter ein mächtiger Eiderstedter Haubarg aus Schleswig-Holstein, ein Hof mit Grassodendach von den nordatlantischen Färöer-Inseln und einer mit Seetangdach von der Kattegat-Insel Læsø. Mit mehr als 70 kompletten Häusern und Höfen ist Sorgenfri eines der größten Museen seiner Art weltweit. Auf dem weitläufigen Gelände gibt es für Familien mit Kindern viel Abwechslung u. a. durch Tiere und Demonstrationen alter ländlicher Tätigkeiten.

Nahe dem Nordausgang des Freilichtmuseums liegt im malerischen Tal der Mølleå die ehemalige Textilfabrik Brede Værk, eine weitere Abteilung des Nationalmuseums, das dort gern große Themenausstellungen sowie seine Sammlung von Trachten und Moden aus den letzten drei Jahrhunderten zeigt (2008 wg. Umbau geschlossen, Neueröffnung zur Saison 2009). Die kulturhistorisch bedeutende Fabrikantenvilla Brede Hovedbygning ist auf Führungen zu besichtigen (nur So Juni–Aug.)

Marionetteatret i Kongens Have (G 4)

Kronprinsessegade 21 (Ostrand Kongens Have)
Juni bis Aug., Di–So 14 und 15 Uhr, je ca. 30 Min.; gratis.
Ist Kindersprache global? Das Marionettentheater, das sowohl die Kleinsten wie ihre Eltern begeistern kann, spielt meist nonverbal.

»De 4 Topattraktioner«

Guinness World of Records (G 5)
Østergade 16 (Strøget), 1100 Køb K
Ripley's Believe it or not,
H. C. Andersen Eventyrhuset,
The Mystic Exploratorium (F 6)
Rådhuspladsen 57, 1550 Køb K
Alle vier: www.topattractions.dk
Juni–Aug. 9.30–22 sonst tgl. 10–18, Fr, Sa bis 20 Uhr. Einzeltickets 5–11 Jahre 35–45, bis 16 J. 55–65 J., Erw. 65–85 DKK. Bis 25 % bei Kombitickets für 2, 3 oder alle der 4 ›Attraktionen‹.
Hoher Fun-, niedriger Bildungsfaktor: Wie sieht ein 1,5 kg schwerer Apfel aus? Wie eine mit Menschen vollgestopfte Telefonzelle? Wie ein Mann, der gerade eine Fahradfelge verspeist? Wie das Skelett einer Meerjungfrau? Wie ein Mann mit drei Billardkugeln im Mund? Mit viel Wachs, Plastik und Lichteffekten visualisiert Guinness World of Records allerlei Rekorde und Ripleys Absurditäten aus aller Welt durch amerikanische Augen gesehen. Machen Sie ruhig an dem Spiegel hinter dem Eingang ihre Grimassen, die Besucher auf der anderen Seite freuen sich. Das Exploratorium setzt derweil Ästhetik von Videospielen in Zimmergröße um und das jüngste Kind der Kette, das H. C. Andersen Eventurhuset, bereitet Leben und Märchenwelten des großen Dänen auch für leseferne Schichten verständlich auf.

Tycho Brahe Planetarium(E 6)

Gammel Kongevej 10, 1610 Køb K
www.tycho.dk

Preiswerter Underground-Trip

Im Alltag nervt Kopenhagens Metro Pendler oft mit Betriebsstörungen, als Touristenattraktion sind die führerlosen Wagen indes ein preiswerter Spaß. Die rund 11 km unterirdischer Strecken, insbesondere von der Station Kongens Nytorv unter dem Hafen hindurch nach Christianshavn und Amager bieten Aha-Erlebnisse, wenn man einen Platz hinter der großen Frontscheibe ergattert – wie eine Achterbahn saust der Zug durch die beleuchteten Tunnelröhren. Und das Schönste: Mit einem Standardticket des öffentlichen Nahverkehrs (s. S. 25) schafft man den Trip durch den Untergrund gleich mehrfach.

Tgl. mindestens 10.30–21 Uhr
Vorführung und Ausstellung Erw. 125, 3–12 Jahre 75 DKK.
Ausstellung zu Astronomie und Raumfahrt, beeindruckende Sternen- und Naturfilmprojektionen. An einigen Vormittagen Vorstellungen für Kinder ab 4 Jahren. Das IMAX-Kino mit seiner superbreiten Leinwand beeindruckt auch ältere Teenager, kleine Kinder können von dem Rundum-Medien-Erlebnis hingegen erschreckt sein, ab 4 Jahren dürfen sie überhaupt erst hinein.

Zoologisk Have (Zoo; A 6/7)

Roskildevej 32, 2000 Frederiksberg
www.zoo.dk, Bus 6 A
Tgl. ab 9, je nach Jahreszeit und Wochentag bis 16/17/18 Uhr, Juli– Mitte Aug. bis 21 Uhr. 3–11 Jahre 70, ab 12 Jahre 130 DKK
Ein Zoo im Umbruch, zur einen Hälfte noch mit traditioneller Tierpräsentation, zur anderen mit modern konzipierten Landschaftsszenarien. Ganz neu die Elefantenanlage zum Frederiksberg Have hin (s. u.). Kein geringerer als der britische Stararchitekt Norman Foster, der beim Reichstagsumbau in Berlin Erfahrungen mit Häusern für große Tiere sammelte, liefert die Pläne für das neue Elefantenhaus.

Parks und Gärten

Der Umgang der Kopenhagener mit ihren Parks ist sehr leger. Da wird freizügig Haut in die Sonne gehalten, da wird gegrillt, getrunken und manche Familienfeier abgehalten. Ein Teil der Grünanlagen hat eine militärische Vergangenheit: Auf den Mitte des 19. Jh. geschleiften Wallanlagen entstanden Tivoli (s. S. 66), Ørested Parken, Botanischer Garten und Østre Anlæg – alle haben ›zackig‹ verlaufende Seen gemein, die den historischen Wallgräben entsprechen. Der Zugang zu allen genannten Parks und Gärten ist gratis. Infos und Lagepläne zu allen wichtigen Schlossparks unter www.slotte.dk.

Assistens Kirkegård (D 3)

Besucherzentrum: Kapelvej 2
Mai–Aug. tgl. 8–20, sonst je nach Jahreszeit bis 16 oder 18 Uhr.
Auf Kopenhagens schönstem Friedhof liegen Größen aus Kultur und Wissenschaft unter der Erde – und im Sommer die Bewohner aus Nørrebro beim Sonnenbad darauf (s. Tour 1, S. 108).

Botanisk Have (F 4)

Gothersgade/Østervoldgade
www.botanic-garden.ku.dk
Freigelände tgl. (Winter außer Mo) 8.30–16/18 Uhr; Spende willkommen.
Der Botanische Garten entstand 1874 als Teil der Universität. Heute wachsen hier rund 13 000 Pflanzenarten auf gut 10 ha Fläche. Schmuckstück ist das alte Palmenhaus (tgl. 10–15 Uhr) aus Glas und Gusseisen.

Frederiksberg Have (A/B 6)

Bus 26 bis Frederiksberg Runddel
Das streng barocke Wegenetz des ersten Parks unterhalb von Schloss Frederiksberg – heute Militärakademie – ahnt man noch, sonst bestimmt verspielte englische Gartenarchitektur des frühen 19. Jh. mit künstlichen Kanälen und Inseln das Bild, zu dem auch ein Chinesischer Pavillon gehört. Auf den Kanälen wird fleißig gerudert, ein Bootsverleih ist vorhanden. Am Ostrand, zur Pile Allé hin, trifft sich die Generation 50-plus in den originellen Gartenlokalen *små haver* (s. S. 45) zum Frokost und später zu Schunkel- und Mitsingmusik.

Im Jægersborg Dyrehave denken die Ausflugslokale auch an reitende Gäste

Fælledparken (E/F 1/2)

Der große Park neben Dänemarks Nationalstadion ist die sportlichste Grünanlage der Stadt mit vielen Bolzplätzen. Achten Sie in aktuellen Programmen darauf, ob es wieder kostenlose Openair-Konzerte mit Rock und Pop gibt.

Highlight 11

Jægersborg Dyrehave

(12 km nördl.; Nebenkarte)
2930 Klampenborg
13 Eingänge, u. a. nahe Station Klampenborg (S-Bahn, Küstenbahn); gratis
Rund 1000 ha Wildpark mit etwa 2000 stattlichen, frei lebenden Exemplaren verschiedener Hirscharten und dem königlichen Jagdschloss Eremitagen im Stil der Renaissance auf einer Anhöhe mittendrin gelegen. Seit Mitte des 18. Jh. ist Dyrehave für das ›gemeine‹ Volk offen. Wander-, Rad- und Reitwege schlängeln sich zwischen altem Baumbestand hindurch. Am Südrand liegen der Vergnügungspark Bakken (s. S. 64) und eine Galoppbahn, im Nordteil Københavns Golf Klub (s. S. 76) sowie in Raadvad neben Hinterlassenschaften früher Industrialisierung auch die Lyngby Tårbæk Jugendherberge (s. S. 30) und der Raadvad Kro.

Kongens Have (G 4)

Die an Schloss Rosenborg angrenzende Grünanlage, einst königlicher Gemüsegarten, ist Pausenplatz und Sonnenbank der City-Angestellten. Am Rande im Sommer ein Marionettentheater für die Kleinsten (s. S. 97).

Ørested Parken (E 5)

Zentral, idyllisch und nachts ein quirliger Gay-Treff.

Ausflüge

Am Nybro Kro, einem Baadfarten-Stopp, kann man Kanus leihen

Baadfarten

Ausflugsboote der ›Baadfarten‹, die ältesten über 100 Jahre alt, kreuzen über die Seen westlich von Kongens Lyngby. Ziele sind u. a. das Ausflugslokal Nybro Kro, das pittoreske Schleusenwärterhaus Strømhuset in Frederiksdal (jeweils Kanuverleih; s. S. 77) und die für ambitionierte Kunstausstellungen bekannte Villa Sophienholm (s. S. 95).
Baadfarten: Sorgenfrivej 23, 2800 Kongens Lyngby, Tel. 45 87 01 52, www.baadfarten.dk; ab Kongens Lyngby Mai bis Mitte Sept. Di–So 3–7 x tgl., 2. Hälfte Sept. nur Sa, So; Tageskarte Erw. 110 DKK, 4–11 und ab 65 Jahre 90 DKK, einzelne Abschnitte 35/25 DKK.

Zum Anleger kurzer Fußweg ab S-Bahn-Stationen Lyngby.

Dänische Riviera

Die Küstenstraße Kopenhagen–Helsingør stößt nördlich von Charlottenlund ständig ans Ufer des Øresund, die wichtigste Passage zwischen Nord- und Ostsee. Bei jeder Autofahrt gibt es also auch auf dem Meer viel zu sehen und Gelegenheiten zum Baden findet man an mehreren Stellen. Entlang der Küste leben im Whiskybælte, dem ›Whiykygürtel‹, dem Pendant zum deutschen Speckgürtel, die von den dänischen Sozialstaatssteuern am schlimmsten Gebeutelten, jene, die auf die Frage nach dem nächsten Schwimmbad oder Tennisplatz in den eigenen Garten zeigen und wenn die Köchin ihren freien Tag hat, gern außer Haus essen. Kein Wunder, dass man hier auf kulinarische Topadressen stößt. Für Sightseeing-Stopps ist das Angebot ebenfalls vielfältig, u. a. Danmarks Akvarium (7 km; s. S. 95), Jægerborg Dyrehave (12 km; s. S. 99), Karen Blixen Museum (23 km; s. S. 94), Nivågårds Malerisamling (30 km nördl.; s. S. 95) sowie das Louisiana (33 km; s. S. 94).

Mikkelgaard: Rungsted Strandvej 302, Hørsholm (30 km nördl., Nebenkarte), Tel. 45 76 63 13, tgl. 12–24 Uhr. Der Gourmettempel in einer vierflügeligen Mini-Wasserburg am Ufer des Øresund komponiert gern frische Rohwaren zu Menüs der Jahreszeit (ab ca. 425 DKK, HG über 200 DKK). Unbedingt reservieren und nach einem Tisch mit Meerblick fragen.
Skovriderkroen: Strandvejen 235, Charlottenlund (6,5 km nördl., Nebenkarte), Tel. 39 46 07 00, www.skovriderkroen.dk.

Der ›Försterkrug‹ unter hohen Bäumen zwischen Charlottenlund Strandpark (s. S. 74) und Danmarks Akvarium (s. S. 95) ist seit Jahrzehnten ein beliebtes Ausflugslokal, aber immer wieder haben neue Pächter und Eigner mit den Konzepten experimentiert. Im Sommer 2008 wird es nach einem erneuten großen Umbau mit drei Restaurants und einem Café in einem Nebengebäude wieder eröffnen. Garantiert ist nur eines: In diesem reichen Umfeld wird es kein billiges Plätzchen sein – man muss sich überraschen lassen, gelohnt haben sich Besuche aber immer, vor allem an schönen Tagen, wenn man draußen unter den alten Bäumen sitzen kann.

Alle Orte sind mit **Kystbanen** (s. S. 25) zu erreichen und mit Bus 388 ab Station Klampenborg, dorthin mit S-Bahn oder Bus 14 via Charlottenlund Strandpark.

Dragør

Die alte Hafenstadt auf Amager besitzt ein pittoreskes Zentrum mit den romantischsten Gassen rund um Kopenhagen. Gut ein Viertel aller Häuser – die meisten stammen aus der ersten Hälfte des 19. Jh. – stehen unter Denkmalschutz. Von der Hafenmole bietet sich ein exzellenter Blick auf die gigantische Øresundbrücke.

Dragør Strandhotel: Strandlinien 9, 2791 Dragør, Tel. 32 53 00 75, Frokostgerichte um 100 DKK, auch viele Smørrebrød-Klassiker, abends HG um 200 DKK.
Von der verglasten Veranda und der Terrasse blickt man direkt auf den Hafen – ein typisches Ausflugslokal, das auch von Yachties, die in der populären Marina von Dragør festmachten, gern frequentiert wird.

Bus 30 (ab Hauptbahnhof via Airport), Expressbus 350 S (ab Kongens Nytorv).

Dinner für Romantiker und Camper

Vor allem Tiere aus dem Meer stehen auf der Karte des **Restaurant Charlottenlund Fort** (6 km nördl. H1, Nebenkarte) – und wo kann man Fisch, Krabben oder Hummer besser essen, als auf einer großen Aussichtsterrasse mit Blick auf den Øresund? Unübertroffen romantisch sind jene Abendstunden, wenn die untergehende Sonne die Segel auf dem Sund golden aufleuchten lässt. Zwei Fußnoten: Das Restaurant ist eine Arbeit des weltbekannten Architekten und Designers Arne Jacobsen (s. S. 112), und es liegt auf den Wällen von **Charlottenlund Fortet**. Das war Teil einer Kette alter Seebefestigungen für den Kopenhagener Hafen. Zwölf der alten Kanonen, die hier um 1912 aufgestellt wurden, stehen noch auf dem Gelände, das sich das Edelrestaurant mit einem Campingplatz teilt (s. S. 35).
Strandvejen 150, 2920 Charlottenlund, Tel. 39 62 22 63, Mo–Sa 12–22, So 11–21 Uhr, Okt.–Feb. So nur –16 Uhr, Jan.–Feb. Mo–Mi geschl. Do–Sa 12–22, So 11–16 Uhr. 3–6-Gänge-Menüs ab 325 DKK oder à la Carte; günstigere Frokostgerichte; So 11–16 Uhr populäres Brunch ca. 175 DKK, unbedingt frühzeitig reservieren!

Highlight 12

Festungen im Øresund

Drei künstliche Inseln mit militärischer Vergangenheit sind vor Kopenhagen im Sommer mehrmals täglich zu erreichen – schon die Überfahrten sind immer ein Erlebnis. Auf den Inseln werden alte Kasernenanlagen gern für Ausstellungen und Events genutzt, alle drei übertreffen einander mit Aussichten auf Kopenhagen, auf die schwedische Küste und den Øresund und alle haben eine ordentliche Gastronomie!

Trekroner (K1) macht sich seit 1731 als Festung in der Hafeneinfahrt breit. Im frühen 19. Jh. hinderte sie zweimal englische Flotten daran, direkt bis in die Stadt vorzudringen. Sie ist der äußerste Punkt, den Hafenrundfahrtboote anlaufen; die alte Kommandantur dient als Café.

Middelgrundsfortet entstand 1894 und war bis in die 1980er-Jahre mit einer Raketenbatterie gegen alle Eventualitäten des Kalten Krieges gerüstet. Erst der neue Flughafen von Hongkong löste die Anlage als größte künstliche Insel der Welt ab. Heute bildet sie oft den Rahmen für Teambuilding-Kurse ebenso wie für exklusive Hochzeiten oder Firmenfeiern der besonderen Art. Von Mai bis September steht sie auch Individualreisenden zum Bummeln und Picknicken offen.

Flakfortet liegt weiter draußen, ist kleiner und jünger – angelegt 1910/14, genutzt bis 1968 – aber munterer, denn anders als auf Trekroner und Middelgrundsfortet dürfen hier Freizeitskipper festmachen – ein äußerst beliebtes Ziel (Liegegebühren über Nacht ab 120, nur Tagesaufenthalt ab 80 DKK). Außer einem Restaurant findet man einen Laden für Selbstversorger sowie einen Grillplatz.

In den **Katakomben von Middelgrundsfortet** Übernachtungen in maritim-romantischen Zimmern (Tel. 38 25 44 44, www.fortet.dk, DZ 850–1000 DKK inkl. Frühstück, Familienzimmer für bis 6 Pers.) Auf **Flakfortet** sind renovierte Mannschaftsstuben im Herbergsstil für 2–8 Pers. zu mieten (Tel. 32 96 08 00, www.flakfortet.dk; bei Zweierbelegung 600 DKK, je weiter Pers. plus 200 DKK).

Fortets Færger: Tel. 38 25 44 44. Fähren April–Sept. ab Langelinjekai (J2) nach Trekroner (7. Min, Erw. 60, Kinder 30 DKK) und Middelgrundsfortet (20 Min., Erw. 95, Kinder 50 DKK).

Spar Shipping: Anleger vor Nyhavn 71 (H5), Tel. 33 33 93 55, www.sparshipping.dk. Nach Flakfortet Ende April–Sept. 3–5 x tgl. außer Mo, 75 Min., Erw. 120, Kinder 70 DKK. Auf Vorbestellung via Middelgrundsfortet.

Vandusserne hop-on hop-off (s. S. 25) nach Trekroner.

Helsingør

Die Stadt behielt trotz der Øresundbrücke ihren geschäftigen Fährhafen: Drei Linien pendeln mehrmals pro Stunde ins 20 Min. entfernte schwedische Helsingborg.

Helsingør selbst lockt mit ansehnlichen Bauten und Gassen aus dem Mittelalter zum Bummeln. Skurrile Kalkmalereien entdeckt man in der **Skt. Mariæ Kirke:** Da liegt beim Abendmahl ein Schweinebraten vor Jesus und seinen Jüngern auf dem Tisch – der Maler kannte sich in dänischer Küche besser aus als in jüdischer.

Die bedeutendste Sehenswürdigkeit der Stadt, seit dem Jahr 2000 Unesco-Weltkulturerbe, ist **Schloss Kronborg:** Das Renaissanceschloss aus dem 16. Jh. bewacht die engste Stelle des Øresund und wurde als Heimat von Shakespeares Hamlet berühmt. Innen staunt man über königliche Gemächer und den über 600 m² großen Festsaal; ein Flügel dient als Museum für Handel und Seefahrt. In den Kasematten wartet der sagenhafte Holger Danske, um bei Gefahr für Dänemark zu erwachen und das Land zu retten (www.kronborg.dk, Mai–Sept. tgl. 10.30–17, sonst Di–So 11–15/16 Uhr, Tickets einzeln oder kombiniert: Erw. 30–85, 15–18-Jährige 30–60, 6–14-Jährige 10–15 DKK; Handelsmuseum unter 18 gratis.

Das Technik-Museum **Danmarks Tekniske Museum** ist in den südlichen Randbezirken der Stadt zu Hause und besitzt ansehnliche Sammlungen u. a. von Fahr- und Flugzeugen. Besonders gewürdigt wird Dänemarks Erfinder Jacob Ellehammer (1871–1946), der u. a. 1906 Europas ersten Motorflug schaffte und 1912 mit einem Ur-Helikopter abhob (Fabriksvej 25, Tel. 49 22 26 11, www.tekniskmuseum.dk, tgl. außer Mo 10–17 Uhr, während der dänischen Schulferien auch Mo; Erw. 65 DKK, Okt.–April 50 DKK, Bus 805 ab Bahnhof).

Turistbureau: Havnepladsen 3, 3000 Helsingør, Tel. 49 21 13 33, www.helsingorturist.dk.

Kystbanen (S. 25) zwischen 5 und 1 Uhr 3–6 x stdl., 1–5 Uhr 1 x stdl. Fahrzeit Kopenhagen–Helsingør ca. 45 Min.

Roskilde

Roskilde war im Mittelalter Dänemarks größte Stadt und wäre fast Hauptstadt geworden, hätte Kopenhagen nicht den deutlich besseren Hafen besessen. Ein Event, das Roskilde Festival (S. 69), sowie zwei Attraktionen von Weltrang locken in die Stadt.

Die **Roskilde Domkirke** geht auf Kopenhagens Gründer Absalon im 12. Jh. zurück. Später wurden immer wieder Kapellen angebaut, man brauchte Platz, um 38 Regenten und viele ihrer Lebenspartner von Margrete I. (gest. 1412) bis zu Ingrid, die im November 2000 verstorbene Mutter der jetzigen Königin, zur letzten Ruhe zu betten. Der

Angeln auf dem Øresund

So ungewöhnlich es für eine Städtereise sein mag, aber Kopenhagens Lage am Øresund, einem äußerst populären Angelrevier, macht eine Angeltour immer möglich. Hauptbeute ist Dorsch (bis ca. 15 kg, ganzjährig, am besten Feb.–April), aber auch Heringe, Makrelen oder Meerforellen gehen an die Haken. Dank der Inseln im Sund und der Nähe der Küsten gibt es immer etwas zu sehen, nahezu romantisch sind die Abendtouren im Sommer.

Buchungen über **Spar Shipping** (S. 102). Ab Kalkbrænderihavnen (oberhalb H1, Bus 26) werktags 1 x tgl., Wochenende 1–2 x tgl., Erw. ab 200, 4–14 Jahre ab 175 DKK. 1.Mai–31. Aug. werktags 18–22 Uhr Abendfahrten. Angelverleih ca. 100 DKK/Rute.

Dom ist Unesco-Weltkulturerbe (April–Sept. Mo–Fr 9–17, Sa 10–16, So, 12.30–17; sonst Di–Fr 10–16, Sa, So 12.30–16 Uhr, Eintritt außer bei Gottesdiensten Erw. 25, Kinder 15 DKK).

Vikingeskibsmuseet zeigt hinter Panoramafenstern am Ufer des Roskilde Fjord jene fünf soweit möglich restaurierten Wikingerschiffe, die nördlich der Stadt vom Grund dieses Fjords gehoben wurden. Dort waren sie um das Jahr 1000 als Sperre in der Fahrrinne versenkt worden. Zum Museum gehört eine Werft, die mit zeittypischen Techniken Wikingerschiffe nachbaut, mit denen Besucher über den Fjord segeln können (www.vikingeskibsmuseet.dk, tgl. 10–17 Uhr, Erw. 95 DKK, Okt.–April 55 DKK).

Roskilde Lejre Turistburau: Gullandsstræde 15, 4000 Roskilde, Tel. 46 31 65 65, www.visitroskilde.com.

DSB-Regionalbahn Kopenhagen–Roskilde bis 5 x/Std.

Skåne

Mit Fahrzeiten von 35 Min., die man anderswo von einem Ende einer Metropole zum anderen braucht, erreicht man von Kopenhagens Zentrum mehrmals pro Stunde mit der Øresundbanen die urdänische, aber seit dem 17. Jh. von Schweden besetzte Provinz Skåne. Die beiden wichtigsten Städte auf schwedischer Seite in Stichworten:

Malmö: Schwedens drittgrößte Stadt; von Kanälen umgebene Altstadt Gamla Staden; imposanter Rathausplatz Stortorget und idyllischer Lilla Torg, dort Markthalle sowie Schwedens einziges Form Design Center mit Ausstellungen und Verkauf; Museumszentrum – Kunst bis Wissenschaft – im Wasserschloss Malmöhus; Museum für moderne Kunst Konsthall mit regelmäßigen Ausstellungen auf internationalem Niveau.

Lund: Historisch bedeutendste Stadt Schwedens, ab 1100 das erste und lange das wichtigste Erzbistum in Nordeuropa, ab 1666 Universitätsstadt; romanischer Dom aus dem 12. Jh. mit Krypta von 1123 und astronomischer Uhr; zahlreiche sehenswerte Bauten der Universität im Zentrum; wichtiges volkskundliches Museum ›Kulturen‹ mit großer Freilichtabteilung; Skissernas Museum, das Skizzenmuseum, dokumentiert die Entstehung von Kunstwerken vom Entwurf bis zum fertigen Objekt; schöne Altstadt mit vielen Studentenkneipen. Und allen Unkenrufen vom teuren Norden zum Trotz lohnen beim Shopping skandinavisches Design sowie hochwertige Outdoor- und Freizeitausrüstung.

Kystbanen s. S. 25; Brückenmaut auf der **Øresundbrücke** (www.oresundsbron.com) für PKW ca. 230 DKK/32 € pro Strecke, in der Nebensaison gelegentlich Angebote für Tagesausflüge.

Ven/Hven

Über der 760 ha großen Insel im Øresund mit nicht einmal 400 festen Einwohnern wehen seit 1658 schwedische Fahnen, und doch ist sie dänisch wie kaum ein anderer Flecken Schwedens, sogar die dänische Schreibweise Hven verdrängt immer mehr das schwedische Ven. Berühmt wurde die Insel im 16. Jh. durch den Astronomen **Tycho Brahe**, der heute als Denkmal, den Blick in den Himmel gerichtet, mitten auf Hven steht. Er leistete für Generationen von Kollegen

Hier ist immer noch ein Rad zu haben: Fahrradverleih auf Hven

Grundlagenforschungen. Ein NASA-Manager brachte es bei einem Hven-Besuch auf den Punkt: »Hier ist das also, wo alles anfing!« Ein Museum, der Nachbau des Observatoriums Stjerneborg und der Grundriss der Villa Uranienborg erinnern an Brahe. Am besten erkundet man Hven mit einem der gut 800 Leihräder – ein 13 km langer Rundweg ist markiert (Broschüre beim i-Büro) – oder mit einem der Trecker-Leiterwagen-Gespanne, die bei jeder Schiffsankunft im Hafen von Bäckviken bereitstehen.

Landskrona & Ven Turistburå: Storgatan 36, S-26131 Landskrona, Tel. +46/418/473 00, Fax +46/418/473 002, www.landskrona.se, ganzjährig.

Info-Bude im Sommer oberhalb des Fährhafens Bäckviken auf Hven; dort auch Fahrradverleih.

Spar Shipping (s. S. 102) ab Kopenhagen Havnegade 39 (H5) im Sommer 1 x tgl. (1 Std. 40 Min., Aufenthalt auf Hven ca. 5 Std., Tagesausflug Erw. 180, 4–14 Jahre 110 DKK, Familien 530 DKK (2 Erw., 2 Kinder). Hin-/Rückfahrt an verschiedenen Tagen + 50 DKK/Pers. Buchungspflicht!

Scandlines (s. S. 21) bietet Kombipakete Fähre für Auto inkl. Insassen Helsingør–Helsingborg (20 Min.) sowie Überfahrt für maximal 5 Personen Landskrona–Hven (30 Min.; www.ventrafiken.se) und zurück für 375 DKK. Kostenlose Parkplätze sind in Landskrona nahe dem Anleger vorhanden. Tickets im Scandlines Fährcenter Helsingør auch ohne Reservierung; auf beiden Linien zahlreiche Abfahrten.

Extra-

Fünf Entdeckungstouren durch Kopenhagen

1. Vom Arbeitermuseum zum Promi-Friedhof – Durch das Szeneviertel Nørrebro
2. Schnäppchen und Schnäpschen – Vom Rathausplatz zum Gråbrødretorv kreuz und quer durch das Latiner Kvarter

Alle Touren sind auf dem großen Faltplan eingezeichnet

Touren

3. Funktion trifft Form – Dänisches Design in Hotels, Shops, Museen und einem Strandbad
4. Kaufmannshafen im Wandel – Das maritime Kopenhagen auf beiden Seiten des Hafens
5. Shoppen wie die Königin – Streifzug zu den Hoflieferanten

Tour 1

Warten auf kauflustige Kunden: Kellerboutique in der Elmegade

Vom Arbeitermuseum zum Promi-Friedhof

Szeneviertel Nørrebro

Nørrebro machte den Anfang, als ab 1852 vor Kopenhagens Wällen neue Viertel entstanden, um das in die Stadt strömende Proletariat der frühen Industrialisierung aufzunehmen. Die billig hochgezogenen Wohnkasernen mit engen Hinterhöfen wurden ab den 1970ern mit allem Drumherum der Zeit – Hausbesetzungen, Straßenschlachten, Demonstrationen – ›durchsaniert‹. Und so trendy Nørrebro heute auch wirkt, gelegentlich flackert die alte Kampflust wieder auf: Wenn Autonome gegen EU-Gipfel, Globalisierung oder was auch immer irgendwo in Kopenhagen Rabatz machen, dann hier. Die Lebens- und Wohnbedingungen verschiedener Epochen in Arbeitervierteln wie Nørrebro ist eines der Themen im **Arbejdermuseet** (s. S. 90), an dem diese Tour beginnt.

Ins Herz von Nørrebro

Nørrebro selbst erreicht man jenseits der künstlichen Seen, ursprünglich Rückhaltebecken zur Wasserversorgung der mittelalterlichen Wallgräben Kopenhagens; auf dem **Peblinge Sø** kann man im Sommer Bötchen fahren. In der **Baggesensgade,** die ins Herz Nørrebros hineinführt, stehen sich zwei ›Sanierungskonzepte‹ gegenüber: rechts Neubaukasernen, links renovierter Altbau. Der **Blågårds Plads** ist der Mittelpunkt des Sanierungsgebietes. Das Cafe Blågårds Apotek (s. S. 62) am Rande des Platzes hat einen Hauch revolutionärer Romantik der Protestjahre in den 1970ern und 80ern bewahrt.

Die **Blågårdsgade** zeigt sich als multikulturelle Ausgeh- und Shoppingstraße des jungen Nørrebro. Im Straßencafé von **Floras Kaffe Bar** (Nr. 27) sitzt man mittendrin und im populären **Props Coffee Shop** (Nr. 5) kann man laut Eigenwerbung alles kaufen. Verstehen Sie das nicht falsch, insbesondere, falls sie Coffeeshops aus Amsterdam kennen und es im Props gerade auch so riecht: ›Alles‹ meint hier das, was nicht niet- und nagelfest ist – wie wär's mit dem Stuhl, auf dem Sie sitzen? Klebt irgendwo ein Preisschild?

An Nørrebros ›Times Square‹, wo sich Blågårdsgade, Nørrebrogade und Fælledvej treffen, weist ein Fahrradgestell den Weg in die Kellerkneipe **Under Stellet** (Nørrebrogade 24). An ihr gingen alle Trends der letzten Jahrzehnte konsequent vorbei: Rockmusik dröhnt aus Lautsprechern und das Bier einer Provinzbrauerei – fast Blasphemie in Kopenhagen – strömt bis spätnachts zu Dumpingpreisen aus den Hähnen.

Flohmarkt der anderen Dimension

Sie lieben Flohmärkte? Dann ab in die **Ravnsborggade** (s. S. 53): Flohmarkt permanent in gut 40 Antiquitäten- und Trödelläden. Wo die Ravnsborg- in die Ryesgade übergeht dann das jüngste Kind des Wandels von Nørrebro: **Nørrebro Bryghus** (s. S. 63) – eine alte Metallfabrik umgebaut zur trendigen Mikrobrauerei. Der **Skt. Hans Torv** (s. S. 84) passt in dieses Bild. Vom ersten schönen Frühlingstag an ist der Platz mit Tischen, Stühlen und ›Heizlaternen‹ anliegender Cafés belegt. Die **Elmegade** (s. S. 58) zeigt indes noch die beiden Gesichter Nørrebros: hier einfache Kioske oder Handwerkergeschäfte, in denen die Zeit konserviert scheint, dort trendige Modeboutiquen, Schuhshops und Haarsalons. Beispiel Elmegade 22: **Gebauer Lampeskærme** ist ein alteingesessener Handwerksbetrieb, der Lampenschirme nach Wunsch fertigt und bespannt, auch mit Material, das der Kunde mitbringt, während im Nachbarkeller **Divaen & Krudtuglen** Mode an trendbewusste Jung-Mütter und ihre Prinzessinnen bringt. Gegenüber in Nr. 17 hängt **Sophisticat** seinen Kundinnen ebenfalls ausgefallene Mode kleiner Label und unabhängiger Designerinnen an den Leib.

Lokale fehlen in der Elmegade natürlich nicht: Die **Mexi Bar** in Nr. 27 ist ein oft überfüllter Treff von Tequila-Fans, und **The Laundromat Café** (s. S. 45) in Nr. 15 hat sich mit seinen Waschmaschinen, die echt sind, und seinen Bücherregalen, aus denen man leihen und kaufen kann, zu einem der angesagtesten Nørrebro-Adressen entwickelt – übrigens ist Fischsuppe Spezialität des Hauses. Gut belegte Brötchen gibt es bei **Elm Street** in Nr. 8 (s. S. 44), und **Selfish Take Away** in Nr. 4 (Di–Sa 12–21 Uhr; nur 6 Sitzplätze) gilt Sushi-Fans als Top-Adresse.

Ruhe zum Ende

Das trendige Nørrebro mit seinen Cafés und Kneipen wächst weiter, folgt der Nørrebrogade stadtauswärts. Rechts Shops, Cafés und Kneipen, links eine Friedhofsmauer, vor der sich an Samstagen von Mai bis Oktober Kopenhagens längster Flohmarkt (ca. 8–14 Uhr) aufstellt. Der **Assistens Kirkegård** (s. S. 98) hinter der gelb getünchten Mauer wurde im 18. Jh. als Armenfriedhof angelegt, später vom Bürgertum entdeckt, wurde er zum Promi-Friedhof. Die interessantesten Grabstätten liegen nahe des Eingangs am Kapelvej, dort im Besucherzentrum gibt es einen Lageplan, sollten Sie eine der RIP liegenden VIP suchen. Vielleicht bringen Sie ein Sandwich von Elm Street oder eine Portion Sushi vom Selfish mit und machen am Grab von H. C. Andersen ein märchenhaftes, bei Søren Kierkegaard ein philosophisches oder – am passendsten zu Nørrebro – bei M. Andersen Nexø ein proletarisches Picknick.

Tour-Info

Dauer: Spaziergang ohne Stopps 45–60 Min. (ca. 2,5 km).
Start am Arbejdermuseum, ca. 200 m vom Verkehrsknotenpunkt Nørreport Station. Vom Assistens Kirkegård zurück in die Innenstadt ca. 1500 m über die lebendige Nørrebrogade oder mit dem Bus via Nørreport Station Richtung Rathausplatz oder Kongens Nytorv.
Beste Zeit: Mittag bis früher Nachmittag. Bei schönem Wetter ruhig ein Sonnenbad zwischen den Gräbern einplanen.

Tour 2

In der Fiolstræde gibt es neben Büchern auch preiswerte Mode

Schnäppchen und Schnäpschen

Im Latiner Kvarter

Die ›Wallstraßen‹ Vester Voldgade und Nørre Voldgade deuten die Lage alter Stadtbefestigungen an. In die Ecke, wo sie sich treffen, drängt sich das Latiner Kvarter (s. S. 79), geprägt von der 1479 gegründeten Universität. Zwar sind viele Fakultäten in die Peripherie der Stadt gezogen, aber einige blieben, so die Theologen, Juristen und Soziologen.

Musik ist immer dabei

Kommen Sie zum Shopping vom Rathausplatz ins Latiner Kvarter, können Sie in der Vestergade 37 ihre Plattensammlung vervollständigen: **Accord** hat neuste CD- ebenso wie 2nd-hand Vinyl-Raritäten. Zum Kneipenbummel finden Sie in Nr. 27 den **BrewPub**, eine der neuen Mikrobrauereien, die wie Pilse aus den Zapfhähnen schießen: Rund ein Dutzend Biersorten gibt's frisch gezapft, dazu deftig gute Küche (Mo–Do 16–24, Fr, Sa 12–02, Küche tgl. –22 Uhr). **Heidi's Bier Bar** im Keller von Nr. 18 ist dagegen schräg wie ein Berghang in den Alpen (tgl.16–2, Fr, Sa bis 5 Uhr). Sagt ihnen diese Bier-Folklore nicht zu, versuchen Sie gegenüber den Keller von Nr. 21, vorausgesetzt, sie können laute Musik gut ab und leiden nicht an Klaustrophobie: Kopenhagens kleinste Kneipe **Elefanten & Musen** (Mo–Do 17–2, Fr–Sa bis 5 Uhr) hat in seinem Gewölbe Platz für Mäuse, kaum für Elefanten, aber unzählige Spezialbiere am Tresen. In Wochenendnächten ist der nächste Abschnitt von der Vestergade bis zur Skindergade munter wie kaum ein anderer der Innenstadt, dafür sorgen Discos, Clubs und Spillesteder wie **The Rock** (S. 62) oder **Woodstock** (nur Do–Sa) mit Musik der 1950er–80er-Jahre. Vor allem der Donnerstag lockt viele junge Gäste, die schnell und billig viel trinken wollen.

Exzentrisch bis schwul

Abwechslungsreicher ist jener Straßenzug, den die Kopenhagener ›Pisserenden‹, Pissrinne, nennen: Larsbjørnsstræde, Teglgårdsstræde, Studiestræde und Skt. Peders Stræde (alle F5). Exzentrische Klamotten, abgedrehter Schmuck, gebrauchte oder neue CDs und LPs, Tattoos und Piercing, Kult-Comics und SM-Erotik-Equipment, Kulinarisches und Alkoholisches – jeder Hauseingang bietet Überraschungen. Vielleicht ergattern Sie auch einen Platz am einzigen Tische vor **Baren Floss** (Larsbjørnsstræde 10) und können bei Espresso oder Cappuccino in Ruhe die Szenerie beobachten. Ach, Sie haben es lieber französisch? Obelix zeigt den Weg zum bretonischen Pfannkuchenrestaurant **La Galette** während gegenüber **L'education National** das große Frankreich repräsentiert.

Mit dem **Jailhouse Cph,** nach der Selbstdarstellung Café, Eventbar und Restaurant (Studiestræde 12, So–Do/Fr, Sa 15–02/05, Küche Do–Sa 18–23 Uhr) im Gefängnis-Leder-Look, der **Cosy Bar** für Late-Night-Cruiser (Studiestræde 24, Mo–Fr bis 6, Sa, So morgens bis 8 Uhr) und der entspannten **Masken Bar** (Studiestræde 33), der **Amigo Sauna** (Studiestræde 31) für lange, schweißtreibende Nächte (tgl. mind. 12–7 Uhr), der **Men's Bar** für Lederboys (Teglgårdsstræde 3) sowie der Zentrale ihrer nationalen Organisation LBL (Teglgårdsstræde 13), die hier ein Buchcafé betreibt, sind im Viertel viele Anlaufstellen für Schwule und Lesben.

Deutsche und Bücherwürmer

Wo die Skt. Peders Stræde auf die Nørregade trifft, liegt die **Skt. Petri Kirke** (s. S. 89) der deutschen Gemeinde, eine der ältesten Kirchen der Stadt, deutlich älter als der neoklassizistische Dom **Vor Frue Kirke** (s. S. 89). Die Fiolstræde ist eine Straße für Bücherwürmer: **Paludan** Antikvariat in Nr. 10 (s. S. 53), wo man auch einen guten Kaffee bekommt, **Arnold Busck Antikvariat** in Nr. 24 sowie **Vangsgaards Antikvariat** in Nr. 34 sind die größten Antiquariate – Deutschsprachiges gibt es durchaus. Daneben prägen Boutiquen mit eher billiger Mode das Bild.

Den Kinesiske Butik (Rosengården 13) ist eine Institution im Viertel, und Generationen von Studenten richteten hier ihre Buden mit billigen Teekannen, Messern und Papierlampen ein – inzwischen rutschen auch schon edlere Sachen in die Regale.

Der **Rundetårn** (s. S. 87) bietet einen grandiosen Blick über das gerade durchstreifte Viertel, und im Winterhalbjahr bei klarem Wetter (Di, Mi 19–22 Uhr) auch einen in die Sterne – Europas ältestes Observatorium ist auf der Spitze des ›Runden Turms‹ eingerichtet. Der ist gleichzeitig Turm der Studentenkirche. Das Backsteinhaus mit dem Bogengang gegenüber ist **Regensen,** Kopenhagens ältestes Studentenwohnheim. Ein Treff der heutigen Studentenszene ist das Kulturhaus **Studenterhuset** (Købmagergade 52) mit preiswertem Café und umfangreichem Kulturangebot.

Zum Abschluss schwenkt die Tour wieder in die Gassen der Altstadt. In **Det Lille Apotek** (s. S. 44) an der Store Kannikestræde braten sich viele Gäste ihr Steak auf einem heißen Stein selbst. Dort wo man von der Skindergade auf den Gråbrødretorv schwenkt, können Jazzfans im **JazzKælderen** (s. S. 54) nach Raritäten stöbern, die Auswahl ist gewaltig. Die ›Grauen Brüder‹, von denen der Gråbrødretorv seinen Namen hat, waren Franziskanermönche, die hier 1228–1530 ein Kloster betrieben. Von dem ist nur jener Keller erhalten, in dem man heute exotische Cocktails und Biere schlürft: **Peder Oxe's Vinkeller,** direkt unter dem populären Restaurant Peder Oxe (s. S. 48).

Tour-Info

Dauer: Bummeln ohne Einkäufe und Einkehr 30–40 Min. (ca. 1,6 km). Start und Ziel in der Innenstadt.
Beste Zeiten: Tagsüber während der Geschäftszeiten, abends als Kneipenbummel gut.
Einkehren: Bei Start gegen Mittag sollte man gleich zu einer deftigen Frokost in Husmanns Vinstue (F 5; Larsbjørnsstræde 2; s. S. 42) einkehren.

Tour 3

Arne Jacobsens Möbelklassiker ›Svanen‹ im Restaurant Alberto K.

Funktion trifft Form

Dänisches Design

Die ›Schönheit des Schlichten‹ bejubeln Fans beim Danish Design, ›zu asketisch‹ nörgeln Kritiker. Die schlichten Formen entwickelten sich im frühen 20. Jh. Um trotz kleiner Stückzahlen gegen ausländische Massenprodukte zu bestehen, lernte man, Gebrauchsgüter industriell einfach herzustellen, dabei aber Qualität und Funktionalität zu betonen.

Vater aller Designer Hotels

Viele Designer arbei(te)ten spartenübergreifend. So entwarf **Arne Jacobsen** (1902–71) 1960 das **Radisson SAS Royal Hotel** (s. S. 35) komplett vom Rohbau bis zu den Salz- und Pfefferstreuern in den Restaurants. Etliche Elemente dieses Totaldesigns entstanden exklusiv, einige wurden Klassiker wie der Sessel ›Svanen‹, von dem in jedem Zimmer heute ein Exemplar steht. Eigentlich müsste man in ›Room 606‹ schlafen, dem einzigen Zimmer, das unverändert blieb, wie Jacobsen es schuf. Mit dem nötigen Kleingeld könnte man am Abend vor der Tour im Restaurant **Alberto K.** (s. S. 49) im 20. Stock des Hotels speisen. Das Alberto K. ist mit Möbeln des Meisters eingerichtet und neben den Tellern liegt sein bis heute futuristisch wirkendes und in Kubricks Film ›2001 – Odyssee im Weltraum‹ zu cineastischen Ehren gekommenes Besteck.

Design fürs Kind

Design und Designer würdigt das **Dansk Design Center** (s. S. 90) in wechselnden Ausstellungen. Der Shop des Museums ist immer gut sortiert, aber bei weitem nicht die einzige Kauf-Adresse entlang dieser Tour. An der Fußgängerzone Strædet (s. S. 84) trifft man auf den kleinen Kellerladen **Billedleg** (Kompagnistræde 20; s. S. 54). Hier zeigt knallbuntes Holzspielzeug, wie fruchtbar es sein kann, wenn ein bildender Künstler Gebrauchsgegenstände gestaltet. Ein paar Häuschen weiter können kleine Prinzen und Prinzessinnen bei **Hugin og Mugin** (Kompagnistræde 12) in pfiffige Designer-Mode für Kinder gekleidet werden.

Was dann in den tiefliegenden Schaufenstern des **Sølvkælderen** (Kompagnistræde 1) blitzt und blinkt, fällt eher unter klassisches Design: Silber ohne Ende, das meiste antiquarisch. Überhaupt muss Design nicht immer aus erster Hand kommen, das zeigt **Wettergren & Wettergren** (Lædrestræde 5, s. S. 59) mit Mode – retro wie brandneu – und Klunkern der feineren Art.

Ein kleiner Schlenker führt zum Gammel Strand am Holmens Kanal. Dort residiert **Louis Poulsen**. Das Unternehmen produziert edle Beleuchtungskörper, darunter die PH-Lampen von Paul Henningsen (1894–1967). Deren Urformen stammen bereits aus den 1920er-Jahren und sind ohne große Formänderungen bis heute überall zu haben, wo es gutes Licht gibt; **Louis Poulsen's Showroom** (Gammel Strand 28, Mo–Fr 10–16 Uhr) zeigt die aktuelle Kollektion.

Durch die Østergade

Absolut First-hand und top-aktuell sind Möbel und hochwertige Haushaltsgeräte dänischen und skandinavischen Designs im **Illums Bolighus** (Amagertorv 10; s. S. 56). Das Bolighus verbindet nur noch der Name mit dem nahen Kaufhaus **Illum** (Østergade 52), aber auch dort steht viel Dänisches Design in den Regalen, vor allem bei den Haushaltswaren. Gebrauchsgegenstände für Küche, Bad und Garten sind auch die Stärke der Firma Bodum. Deren Flagship Store in der Østergade 10 ist ein Geniestreich für sich: Über vier Stockwerke des **Bodum Homestore** (s. S. 55) werden Küchen- und Haushaltsgeräte zu einem ständig wechselnden gestalterischen Element der Außenansicht. Die HiFi-Anlagen im **Bang & Olufsen Center** einige Schritte weiter am Kongens Nytorv zählen mit ihrem der Funktion untergeordneten, innovativen und eleganten Design zu den begehrtesten Exportgütern ›Made in Danmark‹.

Industrie- und Möbeldesign

Neben der Marmorkirche in der Store Kongensgade bietet das Möbel- und Einrichtungshaus **Nyt I Bo** (s. S. 55) dann eine gute Übersicht über lieferbare Klassiker des dänischen Möbeldesigns.

Dokumentarischer ist die Sammlung des **Kunstindustriemuseums** (s. S. 91), das viel modernes Design besitzt und immer wieder mit Ausstellungen zeitgenössisches Schaffen würdigt. Hier nun könnte diese Tour enden. Könnte!

Wer dem Danish Design verfallen ist, steigt am Ende der Bredegade an der Haltestelle Grønningen in Bus 26 und fährt zum Nordhafen hinaus, zu einem der spannendsten Möbelhäuser Europas, **Paustian,** ein Haus voller Klassiker und selbst ein Klassiker (s. S. 55).

Oder lieber Strand statt Möbel? Dann nehmen Sie von der S-Bahn-Station Østerport einen Zug nach Klampenborg. Zwischen Bahnstation und Meer breitet sich Arne Jacobsens vom Funktionalismus geprägtes **Bellevue-Viertel** aus. Es entstand in den 1930er-Jahren mit der Wohnanlage Bellavista, einem Theater, dem Restaurant Jacobsen (s. S. 47) und dem Bellevue Strandpark (s. S. 74). Bis hin zu den hölzernen Türmen der Strandwächter auf den Badestegen trägt alles die Handschrift des Design- und Architekturgenies.

Tour-Info

Dauer: Fußweg bis Kunstindustriemuseum ohne Stopps ca. 60–75 Min. (3,2 km). Ab dort zum Kongens Nytorv (s. S. 82) ca. 700 m (Busse stadteinwärts über St. Kongensgade).

Verkehr: Bus 26 ab Grønningen zu Paustian nur Mo–Fr 5.40–19 Uhr alle 20 Min., Fahrzeit ca. 10 Min.
Fußweg bis S-Bahn Østerport ca. 800 m, dann 15 Min. Fahrzeit mit der S-Bahn Linie C nach Klampenborg (tagsüber alle 20 Min.) Rückkehr mit Linie C zu allen Station der Innenstadt.

Beste Zeit für den Hauptteil der Tour ist zu Geschäftszeiten.

Tour 4

Antiquitäten, Nippes, Nostalgisches im Maritime Antiques

Kaufmannshafen im Wandel

Das maritime Kopenhagen

Kopenhagens Hafen hat schon oft sein Gesicht verändert: Wer die Ruhe im idyllischen **Kongelige Biblioteks Have,** dem Garten der Königlichen Bibliothek auf Slotsholmen (s. S. 79) genießt, ahnt kaum, dass hier einst Schiffe der Marine am Zeughaus festmachten. In dem Park zeigt das **Tøjhusmuseet** (Di–So 12–16, Juli tgl. 10–16 Uhr, Erw. 40 DKK) heute mehr Militaria anderer Waffengattungen als von den blauen Jungs. 1868 wurde der Tøjhushavn zugeschüttet, 1906 war dann das Gebäude der Königlichen Bibliothek über der alten Hafeneinfahrt fertig.

Seemannskirche und Seemannsbräute

Die **Holmens Kirke** (S. 88) hatte von 1562 bis 1619 eine Vorgeschichte als Ankerschmiede, dann ließ Christian IV. sie zur Marinekirche umbauen – dänische Seemannskirche ist sie bis heute. Der **Nyhavn** (S. 83), eine Hafenerweiterung aus dem 17. Jh., war bei den Seeleuten indes populärer, Kneipen und Bordelle säumten die Kaianlagen. Inzwischen ist alles zur Lifestyle-Zeile mit Edelrestaurants und In-Cafés aufgerüstet und die Liegeplätze sind Oldtimerbooten vorbehalten, die das pittoreske Bild der 300 Jahre alten Häuser abrunden.

Wer am maritimen Kopenhagen lieber entlangschippern als -laufen möchte: Am stadtseitigen Ende des Nyhavn legen die Hafenrundfahrtboote von DFDS Canal-Tours (s. S. 25) ab, am hafenseitigen die Schiffe von Spar Shipping, die zu den Festungsinseln (s. S. 102) im Øresund hinausfahren, sowie der Movia-Havnebus (s. S. 24).

Im Keller der Toldbodgade 15 stoßen Freunde der Weltmeere auf **Maritime Antiques** (s. S. 53). Herman Pachner, der vor 40 Jahren aus Deutschland nach Dänemark zog, und sein Sohn verkaufen hier maritime Antiquitäten und Souvenirs. Dann ist endlich der richtige Hafen erreicht: Die **Hafenpromenade** (s. S. 82) führt vorbei an alten Speichern mit neuen Innenleben und an der Verwaltung des **Mærsk Konzerns,** zu dem u. a. die größte Privatreederei der Welt gehört, ebenso wie eigene Werften und Ölplattformen aber auch die in Deutschland nicht unbekannte Discounter-Kette Netto. Von der Reederei wird rund 20 % des weltweiten Container-Verkehrs mit rund 550 Schiffen unter dem Mærsk-Stern abgewickelt. Hauptanteilseigner Mærsk McKinney-Møller gilt als reichster Däne und wichtigster Kunst- und Kulturmäzen des Landes – er spendierte die Oper (s. S. 82/83).

Märchenfrau und Seemannsgarn

An Nordre Toldbod stoppt der Havnebus, der Sie später zur Fortsetzung dieser Tour ans andere Ufer bringt. Vorher müssen Sie aber die **Kleine Meerjungfrau** (s. S. 82) besuchen. Nicht von ungefähr ist sie in Kopenhagen zu Hause: der Hafen galt unter Seeleuten lange als Hauptstadt der Nixen.

Den Sommer hindurch machen in Sichtweite der Meerjungfrau jeden Tag Kreuzfahrtschiffe am Langelinie Kaj fest – ein imponierender Anblick. Im steinernen Fundament der Kai-Promenade verhökern **Factory Outlets** Mode der letzten Saison zu Schnäppchenpreisen (s. S. 58). Diese Läden zeugen vom Wandel: Der ehemalige Freihafen ist zu einem Viertel mit attraktiven Apartments und Büros in extravaganten Neubauten oder schick restaurierten Speicherhäusern geworden. Ähnlich sieht es auf dem von der Marine weitgehend geräumten ehemaligen Stützpunkt **Holmen** am anderen Ufer aus. Dort haben sich viele Institutionen aus dem kreativen Bereich angesiedelt, aber auch erste Edelapartments und Büros sind bezogen. Die Silhouette dominiert **Operaen København** mit dem markant ausladenden Vordach.

Der Movia-Havnebus bringt Sie hinüber. Gleich neben dem Anleger Holmen Nord der Hafenfähre fällt das ausgemusterte Torpedobot Sehested mit seinem aufgemalten Haimaul am Bug ins Auge. Es ist eines von drei jüngeren Marineschiffen, die als **Skibe på Holmen** Besuchern offen stehen. Die beiden anderen, das U-Boot Sælen und die Fregatte Peder Skram, liegen ein paar hundert Meter nördlich (alle drei Boote Erw. 70, Kinder 40 DKK, Ostern, Juli–Mitte Aug. u. dän. Herbstferien Woche 42 DKK, tgl. 11–17 Uhr). Von Holmen Nord schlendern Sie nach Süden entweder mitten durch das Holmen-Viertel oder am Ufer entlang an der Oper vorbei.

Klein-Amsterdam

Man lässt Christiania (s. S. 81) linker Hand liegen und sucht sich seinen Weg mitten hinein in das Klein-Amsterdam, wie der Stadtteil **Christianshavn** (s. S. 81) gern genannt wird. Hier wartet als Abschluss dieser maritimen Tour das **Orlogsmuseet** (s. S. 92), das Marinegeschichte mit Schiffs- und Hafenmodellen dokumentiert. Das **Dansk Arkitektur Center** ist selbst nicht maritim, dafür aber im **Gammel Dok** (s. S. 90), dem restaurierten Lager einer längst geschlossenen Werft, untergebracht. Sein Café bietet von den Plätzen auf einem verglasten Balkon eine traumhafte Aussicht auf Hafen und Stadt.

Tour-Info

Dauer: ohne Stopps 90–120 Min., inkl. Museen und Einkehr Halbtagstour (3–4 km City, 2 km Christanshavn).
Verkehr: Hafenüberquerung mit Movia-Havnebus (s. S. 24); Fahrradtransport gegen Zuschlag. Alternativ kann man Vandbusser hop-on hop-off benutzen, die an der Meerjungfrau, an der Oper sowie in Christianshavns Kanal nahe Orlogsmuseum stoppen. Mit Tagestickets lässt sich mehrfach von der Tour aufs Boot und zurück wechseln. Start des Rundgangs ca. 450 m ab Amagertorv (Strøget), Rückkehr dorthin ca. 1000 m. Alternativ von Christianshavns Torv mit Metro bis Kongens Nytorv.

Tour 5

Ob königlicher Kuchen besser schmeckt? Probieren Sie's in der Bäckerei Trianon

Shoppen wie die Königin

Streifzug zu Hoflieferanten

Eigentlich kann man an jeder Ecke kaufen, was bei Hofe auf den Tisch kommt: Auf allen Bierflaschen von Tuborg und Carlsberg prangt der Satz »Leverandør til det Kgl. Danske Hof«. Der Königin Hofmarschall ist Wächter dieses Prädikats, das Firmen, die über mehrere Jahre regelmäßig den Hof beliefern, nebst einer Krone verwenden können. Kleinere Firmen oder Einzelpersonen, die noch direkten Kontakt zu Margrethe II. und ihrer Familie haben, dürfen sich gar ›Kongelig Hofleverandør‹ (›Königlicher Hoflieferant‹) nennen und ein Emblem mit Krone und Wappen benutzen.

Brötchen für die Royals

Dazu gehört die Bäckerei **Trianon** (Hyskenstræde 8) in einer Seitenstraße des Strøget. Welche Sorten Brot, Brötchen oder Kuchen die Königin bevorzugt, wollte hier indes niemand verraten. Bei **Celli Freifeldt** (Amagertorv 31, 1. Stock) würde man schnell merken, wenn Margrethe zu viel Kuchen isst, denn hier wird an ihr Maß genommen, sobald neue Garderobe ansteht. Auf die Edelschneiderei macht kein aufwendiges Schaufenster aufmerksam, nur eine bescheidene Tür, an der man klingeln muss, begehrt man Einlass in das Atelier. Einige Modelle hängen dort fertig ›auf der Stange‹, handgeschneidert, keine Konfektionsware und entsprechend die Preise. Ob die Königin auch nebenan bei **Anna & Clara – Søstrene Grenes Økonomi Marked** (Amagertorv 29) reinschaut, ist nicht dokumentiert. Fürs Portemonnaie ist der Billige-Jakob-Laden auf jeden Fall schonender, selbst wenn man von all dem, was man dort kauft, vorher nicht einmal ahnte, es überhaupt zu brauchen. Aber es ist alles sooo billig!

Königliche Teller und Tassen

Bald öffnet sich die Fußgängerzone Strøget zum Platz Amagertorv. Das schmuckeste Haus belegt Royal Copenhagen (s. S. 55/56), jener Hoflieferant, der für Tassen und Teller der Royals zuständig ist und das nicht erst seit gestern: Margrethes UrUrUrUrUrahn Frederik VI. bestellte 1788 das berühmteste Produkt der Königlichen Porzellanmanufaktur, Flora Danica, als Geschenk für Zarin Katharina II.: Als das 2600-teilige Service mit der dänischen Flora als Motiv 1801 fertig war, schaute die Zarin selbige längst von unten an. Das Geschirr blieb am Hof in Kopenhagen – und wenn etwas kaputt geht, kann man noch nachkaufen. Auch im Nachbarhaus kann man wie die Royals einkaufen: **Georg Jensen** liefert Besteck, Schüsseln, Schalen, Pokale und was es sonst noch so aus Silber gibt am Hof.

Haare und Schmuck

An der Købmagergade, dem Seitenarm von Strøget, bleibt es königlich: Der Haarsalon **Jean Leonard**, der ganz dezent und von der Fußgängerzone her kaum wahrnehmbar die erste Etage in der Købmagergade 13 belegt, hat mit Margrethe II. eine modebewusste Kundin, der man ihr Geburtsjahr 1940 sicherlich nicht ansieht.

Vom Coiffeur kommend, kann sie bei **Peter Hertz** (Købmagergade 34) Ketten oder Ohrgehänge aussuchen. Jean-Leonhard und Hertz gehören zu den Privilegierten unter den Privilegierten: Zusammen mit Hoffotografen und Hofbuchdrucker haben sie besondere Titel: ›Hendes Majestæt Dronningens frisør‹ und ›Hendes Majestæt Dronningens hofjuvelér‹.

Zwischen den Mode-Boutiquen und In-Cafés der Kronprinsensgade (s. S. 58) wirkt **A. C. Perch's Thehandel's Eftf.** in Nr. 5 wie ein Relikt, und tatsächlich stammt der Laden aus dem Jahr 1835. Neben Tee- und Kaffeespezialitäten gibt es passende Edelkekse oder handgefertigten Honigkuchen. Über die Pilestræde ist die Østergade, der edle Teil des Strøget, schnell wieder erreicht.

Königlicher wohnen

Bei **Birger Christensen** in Nr. 38 liegen Kleider und Accessoires so bekannter Labels wie Dior, DKNY, Prada, Jil Sander, Chanel oder Yohji Yamamoto in den Auslagen und natürlich die hauseigene Pelzmode, die das Unternehmen nicht nur an den dänischen, sondern auch an den schwedischen Hof liefert.

Am Kongens Nytorv (Store Kongensgade/Gothersgade) zeigt einer der weltweit bekanntesten Hoflieferanten, was er sich wieder an technischen Tricks ausgedacht hat, um bei den Royals für den guten Ton zu sorgen: HiFi-Geräte von **Bang & Olufsen** nimmt Margrethe II. auch gern als Gastgeschenke mit, wenn Sie Kollegen und Kolleginnen in anderen Ländern offizielle Besuche abstattet.

Welchen Wohnstil Dänemarks Königin bevorzugt, erahnt man schließlich nach einem Bummel quer durch das königliche Viertel Frederiksstaden (s. S. 80) in Kopenhagens ältestem Einrichtungshaus **Lysberg, Hansen & Therp** in der Bredgade 77 (Ecke Esplanaden): Klassische Möbel aus England und Frankreich stehen hier im Mittelpunkt. Nun ja, die Königin hatte schon immer ein Faible für Frankreich: Ihren Prinz Henrik, gebürtiger Henri-Marie-Jean-André Graf de Laborde de Montpezat, holte sie sich im Jahr 1967 auch von dort.

Tour-Info

Dauer: Schaufensterbummel ohne Stopps 45–60 Min. (ca. 2 km). Startpunkt nahe Strøget, vom Endpunkt zum zentralen Kongens Nytorv ca. 700 m Fußweg oder alle Busse stadteinwärts auf St. Kongensgade.
Anschlussmöglichkeit: zu Fuß via Kastellet zur Kleinen Meerjungfrau (ca. 1 km; Faltplan H 4 => H 3 => J 3). Als Radtour nicht geeignet, da sie zum größten Teil durch Fußgängerzonen verläuft.

Register

Bildnachweis/Impressum

Titel: Oldtimer-Schiffe im Nyhavn
Vignette: Begegnung auf dem Roskilde-Festival
S. 6/7: Musiker auf Strøget, der Kopenhagener Shoppingmeile
S. 26/27: Kopenhagen, die südlichste Hauptstadt des Nordens
S. 106/107: Die Sonnenseite des Nyhavn

Fotografen:

Hans Klüche, Bielefeld alle Abbildungen außer:
Ralf Freyer (Freiburg): S. 110
Wir danken dem Hotel Leda für das Bild S. 28

Kartografie: DuMont Reisekartografie, Fürstenfeldbruck
© MAIRDUMONT, Ostfildern

Alle Angaben ohne Gewähr. Für Fehler können wir keine Haftung übernehmen.
Ihre Anregungen greifen wir gern auf – schnell und unkompliziert.
DuMont Reiseverlag, Postfach 31 51, 73751 Ostfildern, info@dumontreise.de

3., aktualisierte Auflage 2008

Grafisches Konzept: Groschwitz, Hamburg
Druck: Rasch, Bramsche
Buchbinderische Verarbeitung: Bramscher Buchbinder Betriebe